Book on Hair Disorders

Written by

Qustā bin Lūqā al-Ba'albeki

Edited & translated by

Mohd Khalid
Mohammad Zia Beg

© Copyright 2025 Mohd Khalid

Dedication

Our Beloved Parents

Contents

Foreword

This volume is the translation of " كتاب فى علل الشعر" (Book on Hair Disorders), a significant work by the renowned 10th-century physician and philosopher, Qustā bin Lūqā al-Al-Ba'albeki. This seminal text, originally composed in Arabic, offers a valuable glimpse into the medical thought of the Islamic Golden Age, particularly concerning the understanding and treatment of hair disorders.

Qustā bin Lūqā, a prominent figure in the transmission of Greek medical knowledge to the Islamic world, synthesized classical Greek medicine with his own observations and insights. " كتاب فى علل الشعر" exemplifies this approach, showcasing a blend of theoretical frameworks derived from Hippocratic and Galenic traditions with practical clinical observations and therapeutic recommendations.

This translation offers a comprehensive overview of hair disorders, encompassing their causes, symptoms, and treatments. Qustā meticulously analyzes various factors contributing to hair loss, including internal imbalances (humoral theory), dietary deficiencies, emotional distress, and environmental factors. He provides detailed descriptions of different hair disorders, such as alopecia, dandruff, and graying, and offers a range of therapeutic interventions, including herbal remedies, dietary modifications, and therapeutic massages.

This translation aims to make this important work accessible to a wider audience of scholars, researchers, and those interested in the history of medicine. The Urdu translation will serve to enrich scholarly discourse within the South Asian context, while the English translation will facilitate its integration into global academic discussions.

We believe that this bilingual rendition will not only contribute to a deeper understanding of Qustā bin Lūqā's medical thought but also shed light on the historical development of dermatology and the transmission of medical knowledge across cultures.

We would like to express our sincere gratitude to our family members for their unwavering support and encouragement throughout this journey. Their love and belief in us have been instrumental in our success. We are also deeply grateful to our colleagues, whose insightful feedback and collaborative spirit have enriched our learning experience. Finally, we extend our heartfelt thanks to our college principal Dr. Wasim Ahmad for providing us with an exceptional educational environment and fostering a community of intellectual growth.

We hope this volume will contribute to a deeper understanding of Qustā ibn Lūqā's medical thought and its enduring legacy. We welcome feedback and suggestions from readers as we continue to refine and improve this important work.

Dr. Mohd Khalid, Lecturer, Dept. of Amraze Jild wa Tazeeniyat, State Unani Medical College & HAHRDM Hospital, Prayagraj

Prof. Mohammad Zia Beg, Head of Dept. Amraze Jild wa Tazeeniyat, State Unani Medical College & HAHRDM Hospital, Prayagraj

Preface

Qustā bin Lūqā, a renowned Arab physician and philosopher of the 9th century, made significant contributions to the fields of medicine, mathematics, and philosophy. Among his extensive body of work, Kitāb fī ʿilal al-Shaʿr (Book on Hair Disorders) stands as a unique and fascinating treatise. This work delves into the intricate world of hair growth, hair loss, and various hair-related ailments, offering a glimpse into the medical knowledge and beliefs of the Islamic Golden Age.

Written in the 9th century, Kitāb fī ʿilal al-Shaʿr was composed during a period of significant intellectual and cultural exchange between the Islamic world, the Byzantine Empire, and the Indian subcontinent. Qustā ibn Lūqā, being well-versed in Greek, Syriac, and Arabic, was able to draw upon a wide range of medical knowledge from these civilizations. His work reflects the synthesis of ancient Greek medical theories, particularly those of Galen, with the observations and experiences of Islamic physicians.

The book is divided into twelve chapters, each exploring a specific aspect of hair growth and related diseases. Some of the topics covered include:

The causes of hair growth: Qustā ibn Lūqā presents various theories about the factors that contribute to hair growth, including the role of heat, moisture, and the body's humors.

Hair loss and baldness: The treatise delves into the causes of hair loss, such as aging, disease, and nutritional deficiencies.

Graying hair: Qustā ibn Lūqā offers explanations for the graying of hair, relating it to changes in the body's humors and the aging process.

Hair diseases: The book discusses various hair-related ailments, such as ringworm, dandruff, and other skin conditions affecting the scalp.

Hair treatments: Qustā ibn Lūqā provides a range of treatments for hair loss and other hair-related problems, based on the medical knowledge of his time.

Kitāb fī 'ilal al-Sha'r is a valuable historical document that sheds light on the state of medical knowledge in the Islamic world during the 9th century. It demonstrates the interdisciplinary nature of medieval Islamic scholarship, as Qustā ibn Lūqā draws on concepts from philosophy, physics, and medicine to explain complex biological phenomena. Moreover, the book offers insights into the cultural and social attitudes towards hair and appearance in medieval Islamic societies. Hair was not merely a physical attribute but was often associated with health, beauty, and social status.

Qustā ibn Lūqā's Book on the Causes of Hair is a fascinating and informative work that continues to be studied by historians of science and medicine. By exploring the historical context, content, and significance of this treatise, we gain a deeper appreciation for the intellectual achievements of the Islamic Golden Age and the enduring legacy of Qustā ibn Lūqā.

This book provides an avenue for potential areas for further research on comparative analysis with other medieval medical texts on hair and dermatology, exploration of the influence of Greek,

Indian, and Persian medical traditions on Qustā ibn Lūqā's work, and examination of the reception and influence of Kitāb fī 'ilal al-Sha'r on subsequent medical literature.

Qustā bin Lūqā al-Baʿalbeki: Life & Works

Qustā bin Lūqā al-Baʿalbeki was a Syrian Christian of Greek origin. His date of birth is not exactly known, but he died in Armenia in the year 300 AH. He. His fame spread during the time of al-Muqtadir Billah al-Abbasi, who died in 320 AH and ruled between 295-296 AH, due to his mastery of the Greek and Syriac languages in addition to Arabic. He was one of the greatest translators from Greek into Arabic. He truly served the Arabic language and Islamic civilization by translating many of the sciences and arts of the Greeks, as well as through his numerous writings.

Among the most important Greek works translated by Qustā bin Lūqā al-Baʿalbeki are the writings of Autolycus, Aristarchus, Diodes, Heron, Hypsicles, and Diophantus. The works of these Greek scholars form the backbone of Greek civilization. This is what Qustā bin Lūqā al-Baʿalbeki translated in the pure sciences. As for the natural sciences, including medicine, they are numerous and difficult to enumerate in this brief write-up. Therefore, the position of Qustā bin Lūqā al-Ba'albeki among his colleagues who participated with him in enriching the Arab and Islamic culture at that time becomes clear, such as Hunayn bin Ishāq, Thabit bin Qurra, Muhammad bin Musa al-Khwarizmi, Jabir bin Hayyan, and others. These great scholars were the leaders of thought in the early days of the House of Wisdom. In fact, each of them managed a section of the sections in the academy of the House of Wisdom. Qustā bin Lūqā al-Ba'albeki was particularly interested in the subjects of weights and measures, to the extent that Arabic scales became very accurate, with an error of less than four parts per thousand of a gram. This is evident in his book "On Weights and Measures."

Rashdi Rashed has enriched us with his study of the book 'Arithmetica' by Diophantus, which was translated into Arabic by Qustā bin Lūqā al-Ba'albeki. This book is considered one of the most important sources that Arab and Muslim scholars relied on in the field of mathematics. Rashed mentions that the Arabic translation of Diophantus' 'Arithmetica' is a manuscript numbered 295 in the Mathematics Library of Astan Quds Razavi at the Imam Ali al-Ridha Mosque in Mashhad, Iran. It contains eighty pages, each measuring 17.5 cm by 13 cm, and was copied in the year 595 AH by Muhammad ibn Abi Bakr Jakir al-Munajjim. Each page contains twenty lines.

Qustā bin Lūqā al-Ba'albeki's translation of Diophantus' 'Arithmetica' includes the fourth book (on squares and cubes), the fifth book (on numerical problems), and the sixth and seventh books (on general problems). The researcher of Qustā bin Lūqā al-Ba'albeki translation notes that the translator introduced terms and expressions that were not in Diophantus' original work, such as the word 'al-Jabr' in the title and the terms 'al-Jabr' and 'al-Muqabala' throughout the translation. It is worth noting that Diophantus was seeking specific numbers, not general cases. It would have been preferable if our scholar, Qustā bin Lūqā al-Ba'albeki, had used Diophantus' original title for the book on numerical problems instead of 'The Book of Algebra by Diophantus', since the science of algebra is closely associated with the name of Muhammad ibn Musa al-Khwarizmi (164-235 AH).

The truth is that the translator, Qustā bin Lūqā al-Baʻalbeki, contributed to the confusion by adding the word 'al-jabr' (algebra) to the title of Diophantus' book. Orientalists often try to justify their biased claims with such erroneous assertions. Therefore, we find them attributing the discovery of algebra to Diophantus, while some fair-minded Western scholars state explicitly that algebra is an Arab science, even though some ideas were known to the ancient Egyptians, Babylonians, Greeks, and others. However, it was Muhammad ibn Musa al-Khwarizmi who collected these scattered ideas, commented on them, provided many examples, and created new theories in this field.

Qustā bin Lūqā al-Baʻalbeki devoted his life to translation and authorship, thus enriching the Arab and Islamic library with a vast output, including:

1. Book of Astrolabes

2. Book of the Manners of Philosophy
3. Book on the Indivisible
4. Introduction to Geometry
5. Book on the Difference Between the Speaking and Non-Speaking Animal
6. Book on the Shape of the Cylindrical Sphere
7. Book on the Configuration and Composition of the Spheres
8. Book on the Calculation of Intersections According to Algebra and Opposition
9. Translation of Diophantus' 'Arithmetica'
10. Book on Working with the Large Celestial Sphere
11. Book on Burning Mirrors
12. Introduction to Logic
13. Book on the Doubts in Euclid's Books
14. Treatise on the Causes of Poetry

Qustā bin Lūqā al-Baʻalbeki made significant contributions to both pure and applied sciences, but he undoubtedly excelled in astronomy, as is evident from his writings. It is clear to any reader that Qustā bin Lūqā al-Baʻalbeki is rightfully considered one of the greatest translators of the early Abbasid era. In fact, some Western historians of science have called him the "master of translators."

Qustā bin Lūqā al-Ba'albeki was renowned for his eloquent style, sharp wit, and easy-to-understand writing, which resulted from his extensive knowledge and expertise in experimental sciences. Therefore, we find that Western scholars have focused on studying his scientific works. It is very difficult to find a book in the West on the history of science that does not discuss Qustā bin Lūqā al-Ba'albeki and his status as a scientist in experimental sciences and as a specialized translator.

About Manuscript

A treatise on the causes of hair by Qustā bin Lūqā al-Ba'albeki (lived around 820-912) was written for the minister Abu Muhammad al-Hasan ibn Makhlad ibn al-Jarrah (died 882). The treatise is divided into twelve chapters, with their titles listed on pages 186v-187r. The text ends abruptly near the beginning of the twelfth chapter.

Treatise on the causes of the growth, lack and diseases of hair by Qusṭā bin Lūqā (قسطا بن لوقا ;ca 820-912) written for the vizier Abū Muḥammad al-Ḥasan ibn Makhlad ibn al-Jarrāḥ (أبو محمد الحسن بن مخلد بن الجراح, d. 882).

The treatise is divided into twelve chapters (باب), which are listed on ff. 186v-187r. The text ends abruptly near the beginning of Chapter Twelve.

Begins (f. 186v, lines 2-4):

كتاب قسطا بن لوقا اليوناني في علل الشعر ألفه لأبي محمد الحسن بن مخلد التماسي أعزك الله تأكيد أسبابي عندك والقرب إليك يحملني على اتحافك بكل ما أجد السبيل إليه وأعلمت أيدك الله أنك سألت عن علل الصلع والشيب عند الكبر...

Ends (f. 194, lines 11-13):

...الباب الثاني عشر في العلة التي من أجلها يعرض للشعر من الآفات

مثل داء الثعلب وداء الحية والحزاز وغير ذلك كما أن الثمار والعشب

لا ينبت إلا في أرض معتدلة

(Beginning (p. 186v, lines 2-4): "The book of Qustā bin Lūqā al-Ba'albeki the Greek on the causes of hair, which he composed for Abu Muhammad al-Hasan ibn Makhlad al-Tamasi. May God strengthen your support and bring you closer to me. This encourages me to present you with whatever I find a way to and I have informed your honorable majesty that you asked about the causes of baldness and graying at old age and ends (p. 194, lines 11-13)… the twelfth chapter on the cause for which hair is exposed to afflictions such as alopecia areata, Dā'al-Hayyā, seborrheic dermatitis and others, just as fruits and grass do not grow except in moderate soil).

Description of Kitāb fī 'Ilal al-Sha'r

Part of: Tafsīr Kitāb Il-'Ilal. Brit. Mus. Additional MS 7527

Physical description: Ff. 186v-194r

Language: Arabic

Type: Manuscript item

Type (Narrower): Manuscripts

Type (Broader): Text

Subject: Medicine--Early works to 1800

Identifier:

>81055/vdc_100065260447.0x000001_ar

>81055/vdc_100065260447.0x000001_en

>Add MS 7527, ff 186v-194r

>Add MS 7527, ff 186v-194r

Holding institution: British Museum Library: India Office Records and Private Papers. No other copy of manuscript was traced to in major data bases holding Arabic medical manuscripts.

Physical characteristics

Total pages: 360 images

Material: Eastern laid paper

Dimensions: 180 x 90 mm leaf [120 x 45 mm written]

Foliation: British Museum foliation in pencil

Ruling: No ruling visible; 19 lines per page; vertical spacing 16 lines per 10 cm

Script: *Naskh*; the scribe is Ibn Muḥammad Jaʿfar ibn Muḥammad Shafīʿ al-Kirmānī (ابن محمد جعفر بن محمد شفيع الكرماني, see f. 170r, lines 20-23)

Ink: Black ink with rubricated headings and over-linings in red

Decoration: Edges dyed yellow

Binding: British Museum half-leather binding

Condition: Ff. 1-73 and 188-94 mutilated in upper edge corner and repaired (worse towards beginning of volume)

Marginalia: Very few

Seals: ff. 170r and 194r

Script: Arabic script

Type: Manuscript

Original held at British Library: Oriental Manuscripts

Glimpse of Original Manuscript

عكس مخطوطه

بسم الله الرحمن الرحيم وبه نستعين

كتاب قسطا بن لوقا اليوناني في نسخ علل الشعر الفه لابي محمد الحسن بن مخلد التماس

اعز الله تأكيد اسباب عزك والقرب اليك يحملني على اتحافك بكل ما احب الخير

واعلمنا ايدك الله انك سالت عن علل الصلع والشيب عند الكبر وعن

انتشار خروج الشعر في الرأس وعن ما اشار بذلك من العلل التي ينسل منها

ما في رأسك من حيا هم العلاج وسهولة الحفظ لروايات اولئك ايدك الله

ابين فيه عن علل جميع ما يحتاج الى علمه من امور الشعر فنعلت ذلك وجعلته كلاما

فيه منوبا بابا بابا وقدمت للابواب بابا عداد اسمها عليها لينظر جملة الكتاب

وكيهل على الناظر استخراج اني بابا بحتته منه وستعملت في ذلك الايجاز

والاقتصاد ليخف عليك المونة واني النظر وكان الزمان الذي يكله

ضيقا جدا لاتصال اشغالك بامور السلطان وقد توهاجلها الله مؤنته

الى التقرب اليه وحاطرن عليك سلامة ما لنفسي البلد اذ على يخ شي قلبه

الباب الاول   منها ذا ايتولد الشعر وكيف يكون تولده

الباب الثاني ما منفعة الشعر   الباب الثالث لم صار الحضيان في النساء الصبيان

لا يخرج لهم لحا وكون الشعر في اماكن بسيرا   الباب الرابع ما علة

الصلع ولم صار لا يصيب ابدا عند الكبر ولم صار في مقدم الرأس اولا وسط

الباقي فيه دون باقي اجزاء الرأس ولم صار الحليم والنساء والصبيان

يكادون يصلعون   الباب الخامس لم صار الناس ضوب من لا يعرض

الحياة ة تتساقط شعورهم ولا يصيب ذلك اصناف امراصهم

الشيب

الشيب لم يصادر لا يعرض لاعضاء الكبد ثم صار للصبيان الصغار في وقت
ولادتهم وفي اكثر الامر يكون شعورهم ما يذر الى الشعرة فاذا كبروا اشتوت
الشعر حينئذ ... ما العلة التى لها يكون الشعر حبيا ورجلا وسبطا
ويكون في السود ان جعدا وفي السقالبة سبطا وفي العرب والفرس والروم رجلا
... لاختلاف نبات الشعر في البدن حتى صار كثيرا
في الصدر ومواق البطن والمغابن عند كاهل الصبيان عند الكف والساق
وسعدويا في الراحة واسفل القدم ... ما العلة التى
يكون الانسان كوسجا ... لم صار لا يشفا ... والحاجبين في البدن كان ...
لا يزيد في البدن كان ... يتشابه الشعر للحاجبين الحادى عشر ما
بين كل واحد من احوال الشعر من احوال البدن ... الثانى عشر
ما العلة التى يعرض من اجلها للشعر من الاذان مثل داء الثعلب وداء الحية
والحمرة وغير ذلك ... ما ذا ابتدا الشعر
الشعر يتولد عن البخار الدخانى الذى يحدث عن الحرارة النارية والبدن
وذلك ان كل حرارة تشتعل في جسم ما فهو لا محالة يتبرر منه بخار وذلك
البخار يختلف باختلاف الجسم الذى تحلل منه فان كان الجسم الذى يفعل فيه
وهذا ان البخار الذى تحلل منه يكون دخانيا وحجابيا سريع الاستحالة
الماء كالذى يتولد عن الماء اذا استخنت الشمس واذا علي على النار فيستخنه
ويتولد عن الحطب الرطب اذا استعلت فيه النار وعن الاشياء الرطبة
ينظر ما لنا دخان قد يتحلل من دخوتها مقدار اكثر فيصير بخارا اذا

كان الجسم الذي يعمل فيه النار حبيبًا ياكثا شهيد اليسر كان الجبار
متولدًا منه بخارًا دخانيًا كا الذي يتولد من الحطب اليابس وعن
رؤوس الجبال اذا اجرزت عنداحما الشمس يا هاوكا لبخار الذكي
يرتفع من لا تابين الة يتشوى وفيها النورة والحصوع الأجر والتي
ينا بغيها الزجاج وغير ذلك من لاجسام الصلبة التي يستعمل فيها
وبذلك الانسان اليسر يخلو من الحرارة الغريزية فهي يحيى ما فيه من الحلة
ويشير الجرة ما وذلك لا جرة سعد في حلة البدله حتى يموج من
الجلد على ان كان خروجها خروجا خفيًا لا يدركه الحس الا في الندرة
اد را كا خفيًا كا الذي يشير كثيرًا في الحمامًا ولا سيما فا وقا
الشتاء والبرد فان الانسان يرى بخارًا يخرج من بدنه اجمع واكثر
ذلك من بكفر وانا ملرود ذلك النجار قد يختلف اختلافًا كثيرًا فمنه بخار
ما فيه يطب رقيق ظاهر الوطو تبريد يركه الحس يقوم مقام العرق فيخرج
من الجاري التى في الجلد التي يقال لها باليونانية المسودى وسمى
بالعربية مسام البده ومنا فسه وسبل البده ومنه بخار رطب غلنظ
يتولد في البدن اذا نقض حار تر فيكثر فيه ولا يكون له قوة على الحروج
اكثر ذلك في اللحم الذي تحت الجلد فينتفخ كا لذي يعوض من تهيج الوجه
وتوديم الساقين والقدمين في امراض المعدة ولا استسقا والدق
وبالحملة في كل الامراض التى تضعف فيها الحرارة الغريزية ومنها
بخار يابس دخانٍ يخرج بقوة وكثرة فا ذا اصار الى المنافس

وهي ثقب صغار في الجلد لا يدركها الحس حقن بعضها بعضا ونصا
وبعج فيها الكثرة وقوتر في نفوذه وضيقها عن جرم عجر فيها يخف
وبصلب يبقى نشيها بالنقط لمحما في ذلك المنافذ ولان الحرارة
ثابتة باقية في بدن الانسان لا يطفو ولا ان سان حي فان الغبار
الدخانى لا ينقطع فاذا اين غبار ثان اخر فحا قرايض في ذلك المحاير
وتكا نفد مضاق مكا نه دفع ما كان منه قد لج في ذلك المنافذ صلب
فيدبر ذلك الاول وبعد ذا لخارج البدن وقت التا في موضع
منصلا بر مكون ذلك طرف الشعر ونهايته نشيها بالنقط ثم يا
نحار دخانى فيحفر ويد فع ما ثم ذلك الذي يتقدمه منه فيبر نحن الجلد
متصلا با لذي وقبله فيظهر من الشعر مقدار ما يدركه الحس خارج
الجلد فلا يزا ل يخرج عند الجرو حتى يموا و يكبر و يصير شعرا في ذلك
يبين ما نا واضحا في تولد الشعر بعد استعال النورة فقد يرى اوقا
الناس منه تنشيها بالنقط مع سطح البدء ثم بين يتا نقطة نقطة
الى ان يطول الشعر ويستوى ويرجع الحال الاولى اللحية
ما منفعة الشعر الشعر منه ما خلق للزينة فقط كشعر الثاني
والاشارين والعفقة ومنه ما خلق للزينة والمنفعة جميعا
كشعر الراس وشعر الحاجبين الاشفار واما شعر الى فار مع
زينته فيه منفعة للراس من الحر والبرد والصد ما والنقط والقرب فان
وغير ذلك من الافات التى تقوض من خارج واما شعر الحاجبين

مع ذلك يمنع ما يسيل من الراس من الرطوبات من ان يدخل الى العين

وذلك ان كل ما سال من على الراس على الوجه ينزل و يميل من الشعر

لا يصير الى اصل العين كالذى يفعل الحاجبون والخلاقون والان بانزلة

مكاييلهم فانهم يجعلون لها في رووسها ما يحيط مستديرًا عليها يمنعها

عند اوانها من ان يسيل الى الاسفل وان يصب ان لم يكن عليها كافله

كثيرا يعرض في الاقداح من سيلان ما يصب منه على بسط القلح نفسه

واما اشفار العين فانه ينتفع بها فيها من انه ينتفع بها يبلغ منفعة

عظيمة في انطباق اجفان العين في النوم و في اليقظة لانها تنطبق

انطباقا محكمًا لان لا ينتفعها غبار فيدخل العين فيؤذيها او غيره

من الاشياء الصغيرة المقدار واذا هو نظر قد يتهيا بالاشفار

او قوة الريح الشديدة والغبار ان يطبق الرجل اجفانه انطباقًا ما يمنع

من نفوذ الغبار الى داخل العين و لا يمنع من النظر وذلك ان اشتباك

الاشفار و مطابقتها يمنع نفوذ الغبار و لا يمنع من النظر فاما

شعر اللحية فهو كالنان بنية للرجال ووقار لا لغيره لك من المنافع

فان الذكر من الناس قد يحسن اللحية و تغنيه وقارًا و هيئة و لذلك

صار الفقهاء والفقناء ورؤساء الامم يجعلونه لها و يعنون لصلاحها

واستوثاقها واما شعر سايرالبدن فان منفعته والحي الذي ليس بنات

كثيرة جدًا ذلك انه يقوم مقام الثوب اللباس في الوقاء الذي فيه

من البرد والحر والافات التي تلقاه من خارج بالصكم والدعلى والضرب

وغيره لذلك من الآفات وذلك يظهر في الإبل والبقر والغنم والحمير والخيل
وكثير من الحيوان ليس بناطق فأما الحي الناطق فإن كان الباري جل وعز
له عقلاً يخرج به الصناعات وأعطاه آلة من اليد الكف وأصابعها
أنثاياها وأنسابها وقبضها وفتحها بما لها وغيرها من الآلات التي
يستعملها بها أن يتجدد لبعضها لباساً من الثياب كالعطر والكتان ومن
شعر الحيوان الذي ليس بناطق كالصوف والوبر وأن يستعمل من ذلك في كل
وقت ما يلائمه ومقدار ما يحتاج إليه ولم يكن بهذا الشعر الذي في
بدنه جعل ولذلك ليقيه عنه بالنورة فلا يبقى الذي لك ضرر ولا
يلحقه بذلك النقص إذ كانت الثياب عوضاً مما كان الشعر ستره
من بدنه لما صار النساء والصبيان
المخصيان يكون في ألبانهم الشعر سير جداً ولا تخرج لهم لحم قد قلنا في
الباب الأول من كتابنا هذا أن تولد الشعر يكون من بخار دخاني يلج في
ناقل البدن التي في الجلد فيجمع من محرم غيره ويدفع وينبر عن البدن
ومتى كانت المسام سهلة يخرج منها البخار والغذاء صار شعراً سهلاً
من غير أن يلج فيها حتى يبلغ المجاري البيض إلى أن يصير شعراً فإن كان
صلبة متكاثفة حبياً لم ينفذ منها شيء أصلاً من الغذاء ولم ينبت
فيها شعر البتة فأبان المخصيان النساء والصبيان لكثرة الرطوبة
فيها وغلبتها عليها يكون مواتير لغزو ذا يتحلل من غير أن يرى فيها
المسام والمجاري التي تخرج منها البخار روذ لكان الرطوبة ملء منها

الحال كان للفضلاء ترد والكافر يلزم مما نفعه ثم ينفذ منه ذلك
الرطوبة تنفذ فيها كلها إلا قاها منه ذا اسم للأشياء الصلبة لأنها
فيها كهيئة في الأشياء الرطبة فإن بدن الحيوان والنساء والصبيان لما
فيه من الرطوبة تنفذ منها الأدوية ولا تلج فيما فيها فلا تكون فيها
شعر وأيضاً فإن الغذاء الذي يتولد في أبدان النساء والصبيان لحم لا
يكون في أكثر الأمر إلا مختاراً دخانياً يابساً كما يكون ذلك في أبدان المتكهلي
فلا يصلح أن يكون عنصراً للشعر وذلك لك أن عنصر الشعر كما قلنا إنما
يكون من بخار دخان نحات فهذه العلة في نقصان الشعر من أبدان
والنساء والصبيان فأما الشعر الذي للمنفعة من شعر الرأس وشعر
الحواجب والأشفار فهو موجود فيهم مثل ما في المتكهلين الشباب إذ كان
للمنفعة منذ أول الكون كما خلق سائر أعضاء البدن وأما اللحية
قلنا إنهم إنما اختلفت بين الرجل ولو قاده فقط لعز ذلك
من المنافع عندهم الصبيان إذ كان أبدانهم رطبة وكان ما لا بخرة
تنفذ فيها رطبة وذلك لقرب عهدهم باللبن وابتدا والنشو
استكمالاً بأبدانهم وما دامت لا خلاط التي تبقى آلة لا بخرة عنها في البدن
جاء قد تطهر يتعلم الحيل فأما الحيم فلأنهم قد عدموا عضواً رئيساً
من أعضاء البدن واصلاً من أصول الحرارة العزيزية فإن الحرارة
العزيزية تيبر تكون فيهم ناقصة ولذ لا تنقطع لحيهم الطبيعية منهم
ينقطع المادة التي يكون منها شعر اللحية فيبطل منهم ومثل هذا النسب

يعقد

ينقطع من النساء اذا كانت المادة التي يكون منها الذكور من اصل

الخلقة اشد حرارة ويبسًا من المادة التي يكون منها الاناث

ما علمها الصلع ولم صارت لا يحدث الا عند الكبر

ولم صار في مقدم الراس ووسطه وعلى اليافوخ دون باقي

الراس ولم صار الخدم والنساء الصبيان لا يكاد ويصعلو

كما ان افراط الرطوبة في النساء والصبيان والخنيان اوجب

منهم بالشعر وابدانهم كذلك الصلابة جلد الراس نقصان الغذا

في ابدان المشايخ ولاجل الصلح فيهم ورد لكان بدن الانسان عند ولا

كونه الى منتهاه يزداد يبسًا فاذا صار في غاية اليبس بطل البه

وذلك البطلان هو الموت اعني الموت الطبيعي الذي يكون من غير

خطا ولا عارض من خارج فلان بدن الانسان يزداد جفا

ويبسًا ابدا يصير في وقت الكبر الى مقدار من اليبس ينقبض

المسام ويقل رطوبة الجلد وذلك الانشداد يكون تحللها

في الجلد وذلك ان الجلد الذي تحته لحم كثير فقد يفيده من

اللحم الذي يليه رطوبة ما يمنعه من شدة التقبض الذي

بمنافه فاما الجلد الذي ليس تحته لحم كثير يليه عظم لا يكو

يليه لحم يمده رطوبة فانه ينقبض تقبضا اشد ينشد الحا

فيه البته فلا ينفذه البخار الدخاني فيقطع مادة الشعر فيكو

من ذلك الصلع ولذلك يكون في مقدم الراس ووسطه واليا

دون مؤخره ومايلي الصدغين وذلك لان هذه المواضع أكثر لحمًا

من مقدمه فقد يدرك بالحس في القفا ومايلي الصدغين من اللحم

تحت الجلد أكثر مما في مقدم الرأس ووسطه واليافوخ وأيضًا

فان الحرارة الغريزية هي في المشايخ الناقصة فيكون لذلك الا

الدخانية التي قلنا انها عنصر الشعر قليلة ضعيفة ولا يكون لها

قوة على ان يتصاعد وطو وتلج في مسام جلد الرأس التي قد ضاقت

باليبس الذي ادة من السن فيتراجع في أكثر الامر ويصير مادة

شعر اللحية وغيره من شعر البدن وكذلك يوجد في أكثر الامر الصلع

كثيرًا شعر اللحى واما المن شعرا بدنهم كثير فاما الخصيان وانا

والصبيان فلان ابدانهم بالطبع كثيرة الرطوبة لا يصير منهم جلد الرأس

من السن في المقدار الذي يقتضي برتعقمنا شيئا فينبت النبا

وينقطع مادة الشعر ولذلك لا يصلعون انا سنن الحاس

لم صار الناهون من الامراض الحارة يساقط شعورهم ولاسيما اذا

امراضهم لما كانت الابخرة الدخانية مادة للشعر كما بينا وكا

هذه الابخرة انما يتولد عن كثرة مادة وذلك انه انما يتولد من

الحرارة في عنصر ماوالعمل الذي يفعل في هذه الحرارة هي الاخلا

يتولد عنا لغذا وكانت ابدان الذين مرضى امراضًا ماذا قد عقدت

كثر الغذاء في مدة امراضهم ينتقص بذلك السبب من ابدانهم الاخلاط

التي يفعل فيها الحرارة ولاسيما اذا طال زمان امراضهم فيقل فيها

الابخرة

لا يجوزها الدخانية التي يكون عنصر الشمومنها فلا يكثر ولا يتكاثف

لا يتصل فينقطع عنها نقدم منها فيساقط الشعر النافذ

شاعله الشيب لما طار لا يعوض عند الكبر واحمر الصبيان

الصفراء في اكثر الامر يكون شعورهم مايلة الى الشقرة . فاذا كبروا

اسودت كل بخار يتولد عن عضو ما فامن تشاكل في اكثر الامر كيفياتها يكعنات

العنصر الذي عنه يتولد وان ذلك يكون البخار الذي يحدث عن الاشياء

العطرة يكون طيب الرائحة ويحدث عن ضدها على الضد وان ذلك ايضا يكون

البخار الذي يحدث عن الاشياء التي الوانها مايلة الى البياض

كالكبريت فان البخار الذي يتولد عنه يؤثر فيها لا فاء لونا ابيض

القصارون يخرجونك بر الثياب ليزيد فيها صفاء وكذلك الحطب الرطب

الذي له قشر اخضر قد يتولد منه بخار اخضر وسائر الاشياء الملونة قد يتولد

عنها بخار دخانى قريب اللون من لونها فابان المشايخ من اجل

ان لون لحيته البلغمية غالبة على الاخلاط التي فيها والبلغم في لونه ابيض

يشوب البخار المتولد منها بياضا في لونه فيكون الشعر الكاين عنه

ابيض في نعالج الرجل بالاشياء التي لها حسية ما يخرج البلغم

ينقبه من المعدة والعروق وسائر اوعية البدن كالحليلج والبليلج

والاملج او بلاشياء التي لها حرارة يذيب البلغم ويحلله اذا اخلطت

بما يخرجه عن اوعية البدن بالاسهال كالانجبيل والشقاقل في

الحقن لجان و ما اشابه ذلك اذا استعملت مزجا بالعسل اوبخلو طلاع اصناف

الهليلج يقصل لثيبا وقلّه ومسارذ ابود ربذلك قبل وقترد

على البدك فاما الاطفال لان الدم وترا غلب عليهم ولاسيما قبل ذلك هم

اذ كان غذاوهم من دم محض فان الامخزة المتولّدة في ابدانهم متغيرة

اللون الى الشقرة ولتلك يكون الوانهم في اكثر الامر ما يلذّ الى الشقرة

ومنهم من اذا استحكمت و غلبت عليهم الاخلاط المرة اسودت فاذا

صار في السن الذي يغلب عليها البلغم شاب يكون كثرة سببه وقلته

على حسب غلبة البلغم على اخلاط بدنه وقلّته الياسن الغالب

ما العلة التي لها يكون الشعر جعدا او جلدا وسبطا ولم يكون في التي

جلد وفي السقا لبرسبطا وفي العرب العزيز الروم رجلا جعدة

الشعر يكون من افراط حرارة النجار الذعاني الذي يتولّد منه الشعر بسبب

ومن شدة تكاثف جلد البدن وصلابته وذلك ان النجار الذعاني اذا

افرطت حرارته وبقوى كان نموه ومسلته ملتفًا كالذي يعرض في الاشيا

التي تقرب من النار فان كل ما قرب من النار حتى يتولّد منه حرارة معتار

الذي يظهر عليها فيه يبلغ بالاحتراق فانه يعوج تعوج النعاف

ظاهر في الشعر نفسه فانه اذا اقرب الى النار حتى يا حرّها النّوى ذلك

يبين في الاشيا غير الشعر فالنجار الذي يكون منه تولّد الشعر اذا طبخت

على الحرارة كان نفوذه في البدن ملتويًا وكان خروجه من النجار والنّى في

الجلد على هذه النبيل فتبقى بعد ذلك وجه من الجلد نفصوتر في قوّته فيكون

ملتويًا فاذا اضافت فان الجلد الصلب اذا النّهى اليه النجار ولم يجد ذلك وسلكًا نفرة

فاخذ

السبيل

فاخذ منه ونيرة حتى محمد بسبيل لا ينفذ فيه وتكون نفوذه في تلك

معوجًا لا ضرر قلة العين استقامتهم مسلكه وذلك للنظاهر في الدخان الذي

يكون من الينابيع وغيرها من الالات النار واذا كان خروجه محرق فان

مواضع النا ينزفانه يخرج منها يلا معوثًا في مسيرة معلى هذن الحمية تكون

جودة الشعر وكذلك اكثر من ترى بشعر جعد السودان والزنج ومن قد

غلب على لونها السواد والادمر وذلك لافراط الحرارة عليهم وغلبتها

فيهم ومشاكلة للبخار الرطب من غلبة الرطوبة على حلد البشك وظن

نكا تقدر وكذلك يوجد هذه الخصال في الامم الذين يغلب على مزاجهم الرطوبة

كاسقالبة والترك والخزر ومن شابههم ليسكن البلدان التي يغلب عليها

والرطوبة فاما سبوطة الشعر فانها تكون من ضعف حرارة البخار التنان

التي يتولد منها الشعر فاما غيرهم من الامم المعندلة المزاج فشعرهم جعل

لاعتدال الحرارة فيهم واعتدال منا فى بلدانهم بين لحالين التين تقدم

ذكرها الباب الثامن لم اختلف نبات الشعر والبشرة

حتى يطا ذلك كثرا في الصدد و مراق البطن وظاهر الساعد و الكف الشاء

ومعد ومنا في الراحة واسفل القدم لما كانت اعضاء البدن مختلفة في

المزاج والصور واختلف ما يتولد فيها على قدر اختلافها واختلاف مزاجها

لاختلاف المنا فى التى فيها حاكا ن محاورا للغلب كوسط الصدد تأتيها

كانت الحرارة العزيز بترفيه فيركثرة اذا القلب احو يسابع الحرارة والبلة

واقواطاوكان دخوج الابخرة الدخانية منه تلك النسبة وكان الشعر فيه

Original manuscript

Original manuscript

أحمد على ما يدل كل واحدة من أحوال العينين أحوال البدن الشعر قد
يدل على أحوال البدن وأحوال القلب فأحوال الأنثيين و لذلك قد يستدل بها
العنق والاسترخاء والاستقلال على الثلثة الأحوال التي تكون من هذه الثلثة الأعضاء
الذكاء والبلادة فإنهما يكونان من الدماغ والجرأة والجبن فإنهما يكونان
والاعتدال ضربة فإنهما يكونان بلا شيئين فشعر الرأس يدل على أحوال
الدماغ وشعر الصدر يدل على أحوال القلب شعر العانة يدل على أحوال
شعر الرأس إذا كان يناسب في الولاد سريعًا وكان أسودًا قويًا
كان دالًا على حرارة الدماغ وكان سندًا بأن صاحبها سيصلح فإنه
سريع الجواب صاحب بهية ويكون متوسطًا في الفكر وإذا كان سبطًا
رقيقًا يبطئ نباتُه بعد الولادة فإنه يدل على برد الدماغ وأن صاحبه
معه بليغة ويكون كثيرَ الفكر وإذا كان قويًا جعدًا أسودًا ينبت سريعًا
بعد الولادة دل على يبس الدماغ ويكون صاحبه ذكيًا صاحب بهية و
ويصلح سريعًا وإذا كان سبطًا كثيرًا طويلًا دل على رطوبة الدماغ
لا يكاد أن يصلح مطلمبه لا يكون صاحب بهية وأما الشعر الذي في
الصدر فإنه إذا كان غليظًا شكّا ثغًا دل على حرارة القلب ويكون
صاحبه جريًا مقدامًا وإذا كان قليلًا رقيقًا دل على برد مزاج القلب
يكون صاحبه جبانًا متكشفًا • فأما شعر العانة وما يليها فإنه إذا كان
كثيرًا شكّا ثغا غليظًا دل على حرارة مزاج الأنثيين وكان صاحبه مبيحًا
محبًا للاستكثار وإذا كان مع كثافة وكثرته يبلغ إلى قريب من السرة

وبعض المحدثين دل على حرارة مزاج الانثيين فان صاحبا
المنى شديدا الشبق الا انه منى فرط فى استعمال الباه واذا ابردنا
الشعر الذى ليس بغليظ ولا خشن فانه يدل ان مزاج الانثيين حار
رطب وان صاحبه كثير المنى وليس بشديد الشبق غير انه محتمل للا
من الباه ولا ياتاذ اهرو اما الشعر الرقيق الضعيف فانه يدل على ان
مزاج الانثيين بارد وان ادراك صاحبه يكون بطيا وان شهوته
ليست تكون بالقوى بير وان سنه يكون رقيقا مائيا ويكون قليل
الولاد وهذه الدلايل التى قلنا انما يصح فى الشعر فى البلدان المعتدلة
المزاج فاما التى البيت كذلك فليس ينبغى ان يعنى بما قلنا من هذه الدلايل
لان مزاج البلد يغير الشعر تغيرا لا يتبعه ساير الاعضا فيكون
بالاحوال التى ذكرنا الباب الثانى عشر فى العلة
التى من اجلها يعرض للشعر من الافات مثل ادآء التقلب وداء
الحية وغير ذلك كما ان الاشجار والعشب لا ينبت الا فى الارض

Arabic text of manuscript

عربی متن

بسم الله الرحمن الرحيم وبه نستعين

كتاب قسطا بن لوقا اليوناني في علل الشعر ألفه لأبي محمد الحسن بن مخلد التماسى اعزك الله تأكيد اسبابى عندك والقرب إليك يحملى على أتحافك بكل ما أجد السبيل إليه

وأعلمت أيدك ألله إنك سألت عن علل الصلع والشيب عند الكبر وعن إمتناع خروج الشعر في الراحة وماشاهد ذلك من المعانى التى يسيل عنها فى الشعر ، لما فى ذلك من حياطة المعانى وسهولة الحفظ له فرايت ان اولف لك ايدك الله كتابا ابين فيه عن علل جميع ما يحتاج الى علم من امر الشعر ، ففعلت ذلك و جعلت كلامى فيه مبوبا بابا و بابا و قدمت الابواب باعداد اسمها عليها ليظهر جملة الكتاب و يسهل على الناظر استخراج اى باب احب منه اوستعملت فى ذلك الانجاز والاختصار ليخف عليك المؤنة فى النظر اذكان الزمان اللذى يمكنك فيه ضيقا جدا الاتصال اشفالك بامور السلطان وتواترها جعلها الله مؤدية الى التقرب اليه و حافظة عليك سلامة النفس والبدن انه على كل شئ قدير.

الباب الاول: من ما ذا يتولد الشعر وكيف يكون تولده؟

الباب الثانى: ما منفعة الشعر؟

الباب الثالث: لم صار الخصيان والنساء و الصبيان لا يخرج لهم لحا ويكون الشعر فى ابدانهم يسيرا؟

الباب الرابع: ما علة الصلع ولم صارلا يحدث الاعند الكبر ولم صارفى مقدم الرآس ووسطه وعلى اليافوخ دون باقى اجزاء الارآس ولم صار الخدم والنساء والصبيان لايكادون يصلعون؟

الباب الخامس: لم صار النا قهون من الامراض الحادة تتساقط شعورهم ولاسيما اذاطالت امراضهم؟

الباب السادس: ما علة الشيب ولم صارلا يعرض الاعند الكبر ولم صار الصبيان الصغار فى وقت ولادهم فى اكثر الامر يكون شعورهم مايله الى الشقرة فاذا اكبروااسودت؟

الباب السابع: مالعلة التي لها يكون الشعر جعدا ورجلا و بسيطا ويكون في السودان جعدا وفي التوقالبة سبطا و في العرب والفرس والروم رجلا؟

الباب الثامن: لم اختلف نبات الشعر في البدن حتى صار كثيرا في الصدر ومراق البطن والمعاطف و ظاهر الصاعد والكف والساق ومعدوما في الراحة واسفل القدم؟

الباب التاسع: مالعلة اللتى لها يكون الانسان كوسجا؟

الباب العاشر: لم صارالاشفاء والحواجب لا تزيد في البدن كما تزيد ساير الشعر؟

الباب الحادى عشر: على ما يدل كل واحد من احوال الشعرمن احوال البدن؟

الباب الثاني عشر: ما العلة التي تعرض من اجلها
للشعرمن الآفات مثل داء الثعلب وداءالحية والحزاز
وغيرذلك ؟

الباب الاول

لماذا يتولد الشعر؟ الشعريتولد عن البخارالدخانى الذي يحدث عن الحرارة النارية في البدن وذلك ان كل حرارة يشتعل فى جسم ما فهي لا محالة يثيرمنه بخارا وذلك البخاريختلف باختلاف الجسم الذى يتحلل منه، فان كان الجسم الذى يفعل فيه الناررطبا، كان البخارالذى يتحلل منه بخارا رطبا اوسحابيا سريع الاستحالة الى الماء كا لذى يتولد عن الماء اذا اسخنته الشمس واذا غلى على النار فيسخنه ويتولد عن الحطب الرطب اذا اشتعلت فيه النار وعن الاشياء الرطبة التى تطبخ بالنار فانه قد يتحلل من رطوبتها مقدار كثير فيصيربخارا.

واذا كان الجسم الذي يفعل فيه النارجسما يابسا شديد اليبس، كان البخارالذى يتولد منه بخارا جافا دخانيا كالذي يتولدعن الحطب اليابس وعن رؤوس الجبال اذا ابخرت عند احماء الشمس اياها وكالبخارالذي يرتفع من الا تاتين التي يشوى فيها الثورة والجص والأجروالتي يذا ب فيها الزجاج وغيرذلك من الاجسام الصلبة التي يستعمل فيها وبدن الانسان ليس يخلو منه الحرارة الغريزية فهي يحمي مافيه من الاخلاط ويثيرابخرةما، وتلك الابخرة ينفذ فى جملة البدن حتى يخرج من منافذ الجلد، وان كان خروجها خفيا لايدركه

الحس الا فى الندرة ادراكا خفيا كالذي ينشر كثيرا في الحمامات ولا سيما في اوقات الشتاء والبرد، فان الانسان يرى بخارا يخرج من بدنه اجمع واكثرذلك من كفه وانامله وذلك البخارقد يختلف اختلافا كثيرا،

فمنه بخارمائى رطب رقيق ظاهرالرطوبة يدركه الحس يقوم مقام العرق فيخرج من المجاري التي في الجلد التي يقال لها باليونانية النوري ويسمي بالعربية مسام البدن ومنافسه وسبل البدن ومنه بخاررطب غليظ يتولد فى البدن اذا نقصت حرارته فيكثر فيه ولايكون له قوة على الخروج فيبقى الثر ذلك فى اللحم الذى تحت الجلد، فينتفخ كالذى يعرض من تهبج الوجه وتورم الساقين ولاقدمين فى امراض المعدة والاستسقاء والدق وبالجملة فى كل الامراض التى تضعف فيها الحرارة الغريزية ومنها بخر يابس دخانى يخرج بقوة و كثرة، فاذا صار الى منافس وهى ثقب صغارفى الجلد لايدركها الحس حفن بعضه بعضا وتضاغط ويحج فيها لكثرته وقوته فى نفوذه وضيقها عن خروجه فيها فيجف ويصلب ويبقى شبيها با لنقط لحجا فى تلك المنافس ولان الحرارة ثابتة باقية فى بدن الانسان لايطفى والانسان حى فان البخار الدخانى لا ينقطع فاذا اى بخار ثانى آخر فتحاقرايض فى تلك المجارى وتكاثف وضاق مكانه دفع ما كان منه قد لحج فى تلك المنافس وصلب فبدر

ذلك الاول وبرز الى خارج البدن وثبت فى موضعه متصلا به، فيكون ذلك طرف الشعرونهايته شبيها بالنقط ثم ياتى بخاردخانى فيحفر و يدفع ايضا ذلك الذي تقدمه فيبرز عن الجلد متصلا بالذي قبله فيظهرمن الشعرمقدارما يدركه الحس خارج الجلد فلايزال يجري هذا المجرى حتى ينموا ويكثرويصيرشعرا وذلك يبن بيا نا واضحا في تولد الشعوبعد استعمال النورة فقد نرى اولا النابت منه تشبها بالنقط مع سطح البدن ثم يتزيد نقطة نقطة الى ان يطول الشعرويستوى ويرجع الى حاله الأولى۔

الباب الثاني

ما منتفعة الشعر؟ الشعر منه ما خلق للزينة فقط، كشعر اللحية والشارين والعنفقة ومنه ما خلق للزينة والمنفعة جميعا كشعرالراس وشعرالحاجبين و الاشفار وأما شعرالراس فاند مع زينته فيه منفعة للرأس من الحروالبرد والصدمات والنطح والضرب وغيرذلك من الأفات التي تعرض من خارج، واما شعرالحاجبين فانه مع زينته يمنع ما يسيل من الرأس من الرطوبات من ان يدخل العين، وذلك ان كل ما سال من اعلى الراس على الوجه يزول ويميل ميل الشعرولايصير الى داخل العين كالذي يفعله الخمارون والخلالون والزيا تون فى مكا يبلهم فانهم يجعلون لها في روسها ما يحيط مستديرا عليها يمنعها عند افراغها من ان يسيل إلى اسفل اوان يصب منه بسط القدح نفسه،

واما اشفار العين، فانه مع ما فيها من الزينة ايضا قد ينفع منفعة عظيمة فى انطباق اجفان للعين فى النوم و فى اليقظ لانها تنطبق بها انطباقا محكما لان لا ينفذها غبار، فيدخل فيوذيها اوغيره من الاشياء الصغيرة المقدار ايضا۔

فان قد يتهيا بالاشفار فى اوقات الريح الشديدة والغبار ان يطبق الرجل اجفانه انطباقا ما يمنع من نفوذ الغبار إلى داخل العين ولايمنع من النظر وذالك ان اشتباك الاشفار

ومطابقتها يمنع نفوذ الغبار من النظر فاما شعر اللحية فهو كما قلنا زينة للرجال ووقار لا لغير ذلك من المنافع، فان الذكر من الناس قد تحسنه اللحية وتفيده وقارا و هيبة، و لذلك صار الفقهاء والقضاة ورؤساء الامم يتحملون بها ويعنون لصلاحها و استوائها،و اما شعر ساير البدن، فان منفعته فى الحي الذى ليس بناطق كثيرة جدا، و ذلك انه يقوم مقام الثوب و اللباس و الوقاء الذي يوقيه من البرد والحر و الافات التي تلقاه من خارج بالصدم والرمى و الضرب وغير ذلك الافات و ذلك ظاهر فى الابل والمغر والضان والحمير والخيل والبقر، وكثير من الحى ليس بناطق ـ فاما الحى الناطق فان البارى جل و عن جعل له عقلا يستخرج به الصناعات واعطاه آلة من اليد و الكف و اصابعها فى انثنائها وانبساطها وقبضها وفحمها بمالها ولغيرها من الآلات التي يستعملها بها ان يتحد لبدنه لباسا من الثياب كا القطن والكتان ومن شعر الحى الذى ليس بناطق كالصوف والوبر ـ وان يستعمل من ذلك فى كل وقت ما يلايمه، ومقدار مايحتاج اليه ولم يكن به الى الشعر الذى فى بدنه حاجة، ولذلك يلقيه عنه بالنورة، فلايناله لذلك ضرر،ولا يلحقه بذلك نقص، اذا كانت الثياب يفى له باكثر مما كان الشعر يستره من بدنه ـ

الباب الثالث

لم صار النسا والصبيان والخصيان يكون في ابدانهم الشعر يسرا جدا، ولاتخرج لهم لحى، وقد قلنا فى الباب الاول من كتابنا هذا ان تولد الشعر يكون من بخار دخانى يلحج فى منافس البدن التى فى الجلد، فيجفف حتى يحفره غيره و يدفعه فيبرز عن البدن، و متى كانت المسام سهلة، خرج منها البخار الدخانى خروجا سهلا، من ان يلحج فيها، حتى يبلغ الجفاف و اليبس الى ان يصير شعرا، فان كانت صلبة متكاثفة جدا، لم ينفذ منها شيئ اصلا من البخار، ولم ينبت فيها شعر البتة ـ فابدان الخصيان والنساء والصبيان لكثرة الرطوبة فيها و غلبتها عليها يكون مواتية لنفوذ ما يتحلل من غير ان يرى فيها المسام والمجارى التى تخرج منها البخار و ذلك ان الرطوبة يلزمها هذه

الحال كما ان الصلابة و الكثافة يلزمه ممانعة ما ينفذ منه اذ كات الرطوبة ينفذ فيها كلما لآقاها نفوذ اسهلا و الاشياء الصلبة لا يتهيا فيها ذلك كهيئة في الاشياء الرطبة فابدان الخصيان و النساء و الصبيان لما فيه من الرطوبة ينفذ منها الأبخرة ولا تلحج في منافسها، فلا يكون فيها شعر، و ايضا

فان البخار الذي يتولد في ابدان النساء والصبيان والحذم لا يكون فى اكثر الامر بخارا دخانيا يابسا كما يكون ذلك فى ابدان المستكملى الشباب، فلا يصلح ان

يكون عنصرا للشعر و ذلك ان عنصر الشعر كما قلنا انما يكون من بخار دخانى حار، فهذه العلة فى نقصان الشعر الراس و شعر الحواجب والاشفار، فهو موجود فيهم مثله فى المستكملى الشباب، اذ كان مخلوقا للمنفعة منذ اول الكون كما خلق ساير اعضاء البدن،

واما اللحية فقد قلنا ايضا انها انما خلقت لزينة الرجل ولوقاره فقط، لا لغير ذلك من المنافع.

فعدمها الصبيان اذ كانت ابدانهم رطبة و كانت الابخرة التى تتولد فيها رطبة، وذلك لقرب عهدهم باللبن و ابتداء النشوء، فاذا استكملت ابدانهم و صارت الاخلاط التى تولد الابخرة عنها فى ابدانهم جافة، ظهرت لهم اللحى، فاما الخدم فلانهم قد عدموا عضوا رئيسا من اعضاء البدن، و اصلا من اصول الحرارة الغريزية، فان الحرارة الغريزية يكون فيهم ناقصة، ولذلك تنقص الابخرة الدخانية منهم، فيقطع المادة التى تكون منها شعر اللحية، فيبطل منهم و بمثل هذا السبب ايضا ينقطع من النساء اذا كانت المادة التي كون منها الذكور من اصل الخلقة اشد حرارة ويبسا من المادة التي يكون منها الأناث.

الباب الرابع

ما علة الصلع و لم صارت لايحدث الا عند الكبر و لم صار في مقدم الراس ووسطه وعلى اليافوخ دون باقي الراس ولم صار الخدم والنساء و الصبيان لا يكادون يصلعون كما ان افراط الرطوبة في النساء والصبيان والخصيان ادهب عنهم بالشعر في ابدانهم، كذالك صلابة جلد الراس و نقصان الغذا في ابدان المشائخ ولد الصلع فيهم، و ذلك ان بدن الانسان منذ اول كونه الى منتهاه يزداد يبسا، فاذا صار في غاية اليبس، بطل البتة، و ذلك البطلان هو الموت، اعني الموت الطبيعى الذى يكون من غير خطا ولا عارض من خارج، فلان بدن الانسان يزداد جفافا و يبسا ابدا، يصير في وقت الكبر الى مقدار من اليبس، فينقبض به المسام و يقحل فيشد الجلد و ذلك الانشداد يكون مختلفا في الجلد، و ذلك ان الجلد الذى تحته لحم كثير، فقد يفيد من اللحم الذى يليه رطوبة ما يمنعه من شدة التقبض الذى **ينشد** بمنافسه ـ

فاما الجلد الذى ليس تحته لحم كثير يليه عظم لا يكون يليه لحم يفيده رطوبة فانه ينقبض تقبضا اشد و ينشد المجارى في البتة، فلا يندذه البخار الدخانى فينقطع مادة الشعر فيكون من ذلك الصلع و لذلك يكون في مقدم الراس و وسطه و اليافوخ

دون مؤخره ومايلى الصدغين وذالك ان هذه المواضع اكثر لحما من مقدمه فقديدرك بالحس في القفا وما يلى الصدغين من اللحم تحت الجلد اكثر مما في مقدم الرأس ووسطه واليا فوخ وايضا فان الحرارة العزيزية هي فى المشايخ الناقصة فيكون لذلك الابخرة الدخانية التي قلنا إنها عنصر الشعر قليلة ضعيفة ولايكون لها قوة على ان يتضا غط وتلحج في منافس جلد الرأس التي قد ضاقت باليبس الذي افادته من **السن** فيتراجع في اكثر الامر ويصير مادة لشعر اللحية وغيره من شعر البدن وكلما يوجد فى اكثر الامر الصلع، اما لكثيري الشعر الحي واما لمن شعر ابدانهم كثير فاما الخصيان و النساء والصبيان فلان ابدانهم بالطبع كثيرة الرطوبة لا يصير منهم جلد الراس من السن في المقدار الذي يتقبض به تقبضا شديدا فينشد المنافس و ينقطع مادة الشعر و لذلك لا يصعلون-

الباب الخامس

لم صار الناقهون من الامراض الحادة يساقط شعورهم ولا سيما اذا طالت امراضهم لما كانت الابخرة الدخانية مادة للشعر كما بينا و كانت هذة الابخرة انما يتولد عن كثرة مادة و ذلك ان انما يتولد من فعال الحرارة فى عنصر ما، والعنصر الذى يفعل فيه هذه الحرارة هى الاخلاط التى يتولد عن الغذاء و كانت ابدان الذين مرضوا مرضا حادا قد عدمت اكثر الغذاء فى مدة امراضهم ينتقص بذلك السبب من ابدانهم الاخلاط التى يفعل فيها الحرارة ولا سيما اذا طال زمان امراضهم فيقل فيها الابخرة الدخانية التى يكون عنصر الشعر منها فلا يكثر ولا يتكاثف و لا يتصل فنيقطع عن ما تقدم منها فيساقط الشعر ـ

الباب السادس

ما علة الشيب؟ ولم صارلا يعرض الا عند الكبر و لم صار الصبيان الصغار فى اكثر الامر يكون شعورهم مائلة الى الشقرة، فاذا اكبروا اسودت كل بخار يتولد عن عنصر ما فانه يشاكل فى اكثر الامر كيفياته بكيفيات العنصر الذى عنه يتولد و لذلك يكون البخار الذى يحدث عن الاشياء العطرية طيب الرائحة و يحدث عن ضدها على الضد و لذلك ايضا يكون البخار الذى يحدث عن الاشياء التى الوانها مايلة الى البياض كالكبريت، فان البخار الذى يتولد عنه يوثر فيما لاقاه لونا ابيض حتى القصارون يبخرون به الثياب ليزيد فى بياضها و كذلك الحطب الرطب الذى له قشر اخضر قد يتولد منه بخار اخضر و ساير الاشياء الملونة قد يتولد عنها بخار دخانى قريب فى اللون من لونها فابدان المشائخ من اجل ان الرطوبات البلغمية غالبة على الاخلاط التى فيها والبلغم فى لونه ابيض يشوب البخار المتولد منها بياض فى لونه فيكون الشعر الكائن عنه ابيض فمتى تعالج الرجل بالاشياء التى لها خشونة ما و يخرج البلغم و ينقبه من المعدة والعروق و ساير اوعية البدن كالهليلج والبليلج ولآملج او بالا شياء التى لها حرارة يذيب البلغم و يحلله اذا خلطت بما يخرجه عن اوعية البدن بالاسهال كا لزنجبيل والشقاقل و الخولنجان و ما شابه ذلك اذا

استعملت مربا بالعسل او مخلوطا مع اصناف الهليلج نقص الشيب او قلله او منعه اذا الودر بذلك قبل وقته غلبته على البدن.

فاما لاطفال لان الدموية اغلب عليهم ولا سيما قبل ولادهم اذا كان غذاؤهم من دم محض فان الابخرة المتولدة فى ابدانهم متغيرة اللون الى الشقرة و لذلك يكون الوانهم فى اكثر الامر مايلة الى الشقرة و منهم من اذا استكملت و غلبت عليهم الاخلاط المرية اسودت فاذا صار فى السن الذى يغلب عليها البغم شاب و يكون كثرة سببه و قلته على حسب غلبة البلغم على اخلاط بدنه و قلته ـ

الباب السابع

ما العلة التى لها يكون الشعر جعدا او رجلا او سبطا و لم يكون فى السودان جعدا و فى السقالبة سبطا و فى العرب والفرس والروم رجلا جعودة الشعر يكون من افراط حرارة البخار الدخانى الذى يتولد منه الشعر و يبسه و من شدة تكاثف جلد البدن و صلابته و ذلك ان البخار الدخانى اذا افرطت حرارته و يبوسته كان خروجه ملتويا ملتفا كالذى يعرض فى الاشياء التى يقرب من النار فان كل ما قرب من النار و حتى يناله من حرارتها المقدار الذى يظهر فعلها فيه يبلغ به الاحتراق فانه يتعوج تعوج التفاف و ذلك ظاهر فى الشعر نفسه فانه اذا اقرب الى النار حتى يناله حرها التوى و كل يبين فى الاشياء غير الشعر فالبخار الذى يكون منه تولد الشعر اذا افرطت عليه الحرارة كان نفوذه فى البدن ملتويا و كان خروجه من المجارى التى فى الجلد على هذه السبيل، فبقى بعد خروجه من الجلد فى صورته فى تولده فيكون ملتويا قابضا فان الجلد الصلب اذا انتهى اليه البخار فلم يجد فيه مسلكا تفرق (11)

فاخذ يمنة و يسرة حتى يجد سبيلا ينفذ فيه فيكون نفوذه فى تلك السبيل معوجا لانه قد زال عن استقامة مسلكه و ذلك ظاهر فى الدخان الذى يكون من التناينر وغيرها من

الات النار اذا كان مخرجه منحرفا عن سبب مواضع التنايز
فانه يخرج مايلا معوجا فى ميسرة فعلى هذه الجهة يكون جعودة
الشعر و كل اكثر من ترى بشعره جعدا السودان والذبح و
من قد كلب على لون السواد والادمة و ذلك لافراط الحرارة
عليهم و غلبتها فيهم ومشاكلته للبخار والرطب و من غلبة
الرطوبة على جلد البدن و قلة تكاثفه وكل يوجد هذه الحال فى
الامم الذين يغلب على مزاجهم الرطوبة كالسقالبة والترك
والخرز ومن شابهم ممن يسكن البلدان التى يغلب عليها البرد
والرطوبة فاما سبوطة الشعر فانها يكون من ضعف حرارة
البخار الدخانى الذى يتولد منه الشعر فاما غيرهم من الامم
المعتدلة المزاج فشعرهم رجل لاعتدال الحرارة فيهم و اعتدال
منافس ابدانهم بين الحالين اللتين تقدم ذكرها ـ

الباب الثامن

لم اختلف نبات الشعر في البدن حتى صار كثيرا في الصدر ومراق البطن وظاهر الساعد و الكف و الساق ومعدوما في الراحة واسفل القدم لما كانت اعضاء البدن مختلفة في المزاج والصور اختلف ما يتولد فيها على قدر اختلافها واختلاف خروجه منها لاختلاف المنافس التي فيها فما كان مجاورا للقلب كوسط الصدر و ما يليه كانت الحرارة العزيزية فيه كثيرة اذا القلب احوينا بيع الحرارة في البدن و اقواها و كان خروج الابخرة الدخانية منه بتلك النسبة فكان الشعر فيه كثيرا وكل ما يلى العانة ومراق البطن ومعاطف الفخذين فانها لمجاورتها للاثنين وهي ينبوع من ينابيع الحرارة التي في البدن يكون الحرارة العزيزيرة فيه كثيرة ولذلك يكون مروج الابخرة منها كثيرا فيكون لذلك فيها الشعر فاما الابطان فانه وان كان اللحم الذي فيها لحما رخوا غدديا وكان سبيل الشعر الا يتولد الا في المواضع التي الصلابة واليبس عليها اغلب فانها في معرس و كانها انطباق طريق مواد البدن والاخلاط والابخرة ينغمز وتبخر و تلبث فيها ولذلك صار كثيرا ما يعرض فيها البثور والسدد ولهذه الجهة يكثر فيها الأبخرة فيكثر حدوثها منه فيكثر لذلك الشعر فيها فاما كثرة الشعر في ظاهر الذراع والساق وقلته في الباطن منها فذلك لكثرة الرطوبة

الباطن منها دون الظاهر و علة كثرة رطوبة باطن الذراع
والساق دون ظاهره لباطن الفخذ وضع باطن الساعد مطابق
ابدا للعضد و للجنحين اوما بينهما و لكثرة ما ينا لها من المطابقة
و قلة ظهورها للهواء رطبت فلم يتولد فيها الشعر ـ فاما
الراحتان و باطن القدمين فالسبب فى عدمها الشعر زيادة
يبس الجلد فيها و كثافته و ذلك انه قد فرش لحمها فى اصل
الخلقة بعصب كثيرة و جعلت متحدة به غاية الاتحاد ليكون
الحس فيها اقوى و اتم و ذلك بقصد من البادى تبارك و
تعالى لان فى عدمان هذين العضوين الشعر منفعته ليست
باليسيرة لحاجة الانسان الى استعمال كفه تحصبته فى
الرطوبات وتناول الاشياء التى لا يتمكن من امساكها الا مع
عدم الشعر و بالجملة فانه لوكان فى الراحتين شعر لتبع ذلك
ضرر كثير فيما يمسك ويعالج باليدين و كل اسفل القدم فانه
لوكان فيه شعر الا ضر ذلك بالانسان فى مشيته و فى كثير
من حركاته و غير ذلك من احواله فكان الاجود فى الخلقة ان
لا يكون فى باطن الكف ولا اسفل القدم شعر البتة

الباب التاسع

ما العلة التى تكون لها الانسان كوسجا ـ الكوسج يكون من برد مزاج و نقصان الحرارة الغريزية فان الحرارة الغريزية اذا قصرت فى البدن، قلت فيه الابخرة، فاذا قلت قل خروجها و قل ما يتولد منها فى خروجها من البدن، فيقل لذلك الشعر و ينقص له الحية، فانه لا يكاد ان يوجد كوسج الا و هو قليل الشعر فى ساير بدنه متاخر فى ادراك الحلم عن نظرائه و من فى سنته ممن شعر لهاهم مستوى النبات و ذلك دليل على برد المزاج فى الكوسج و قلة حرارته فان لم يكن ذلك مشتملا على البدن باسره حتى يكون مزاجه على ما وصفنا كان لا محالة مزاج الجلد منه هذا المزاج و كان غليظا متكاثفا ـ

الباب العاشر

لم صار شعر الاشفار والحواجب لا يزيد فى البدن كما يزيد فى ساير الشعر، شعر الاشفار والحواجب خلقه البارى عن رجل للمنفعة والزينة جميعا كما بينا فيما تقدم و انما يتهيا ان يبقى منفعته على حال واحدة اذا بقى فهو فى نفسه على حال واحدة لا يزيد و لا ينقص فكما كانت منفعته واحدة فى الانسان والاجناس كله جعله عاما فيها من اول الكون والنشر لا يلزمه زيادة ولا طول كما يلزم الشعر وصية الاعضاء التى منبته فيها غضروفية لا يتغير احوالها ليحفظ المقدار الذى هو عليها ـ

الباب الحادى عشر

على ما يدل كل واحدة من احوال اشعر من احوال البدن الشعر قد يستدل به على احوال البدن و احوال القلب و احوال الاثنيين و لذلك قد يستعمله اصحاب الفراسة فى الاستدلال على الثلثة الاحوال التى تكون من هذه الثلثة الاعضاء اعنى الذكا والبلد فانهما يكونان من الدماغ والجرآة و الجبن فانهما يكونان بالقلب و الانجاب و ضده فانهما يكونان بالاثنيين

فشعر الرآس يدل على احوال الاثنيين فشعر الراس اذا كان نباته فى اول الولاد سريعا و كان اسودا قويا غليظا كان دالا على حرارة الدماغ و كان منذرا بان صاحبها سيصلع فانه ذكى سريع فى الجواب صاحب بديهة و يكون متوسطا فى الفكر و اذا كان سبطا احمرا رقيقا يبطى نباته بعد الولادة فانه يدل على برد الدماغ و ان صاحبه لا يكون معه بديهة و يكون كثيرا الفكر و اذا كان وقويا جعدا اسودا ينبت سريعا بعد الولادة دل على يبس الدماغ و يكون صاحبه ذكيا صاحب بديهة و فكر لا يكاد ا يصلع صاحبه و لا يكون صاحب بديهة

واما الشعر الذى فى الصدر فانه اذا كان غليظا متكاثفا دل على حرارة القلب و يبس و يكون صاحبه جريا مقداما و اذا كان قليلا رقيقا دل على برد مزاج القلب و يكون صاحبه

جبانا متكبرا ـ فاما شعر العانة و ما يليها فانه اذا كان كثيرا
متكاثفا غليظا دل على حرارة مزاج الانثيين و كان صاحبه
منجبا محب اللا ستثكار و اذا كان مع كثافة و كثرة يبلغ الى
قرب من السرة و بعض الفخذين دل على حرارة مزاج الانثيين
فان صاحبه منجبا غليظ المنى شديد الشبق الا انه منى افرط
فى استعمال الباه ما ذاته و اما الشعر الذى ليس بغليظ و لا
خشن فانه دال على ان مزاج الانثيين حار رطب و ان صاحبه
كثير المنى و ليس بشديد الشبق غير انه متحملا للاستكثار
من الباه و لايتاذابه واما الشعر الرقيق الضعيف فانه يدل على
ان مزاج الانثيين بارد و ان ادراك صاحبه يكو بطيا و ان
شهوته ليست تكون بالقوية و ان منيه يكون رقيقا مائيا و
يكون قليل الولاد و هذه الدلايل التى قلنا انما يصح فى الشعر
فى البلدان المعتدلة المزاج فاما التى ليست كل فليس ينبغى ان
يغنى بما قلنا من هذه الدلائل لان مزاج البلد يغير الشعر تغيرا
لا يتبعه ساير الاعضاء فيكون بالاحوال التى ذكرنا

الباب الثانى عشر

في العلة التي من اجلها يعرض للشعر من الافات مثل داء الثعلب وداء الحية والحزاز وغير ذلك كما ان الثمار والعشب لا ينبت الا في ارض معتدلة

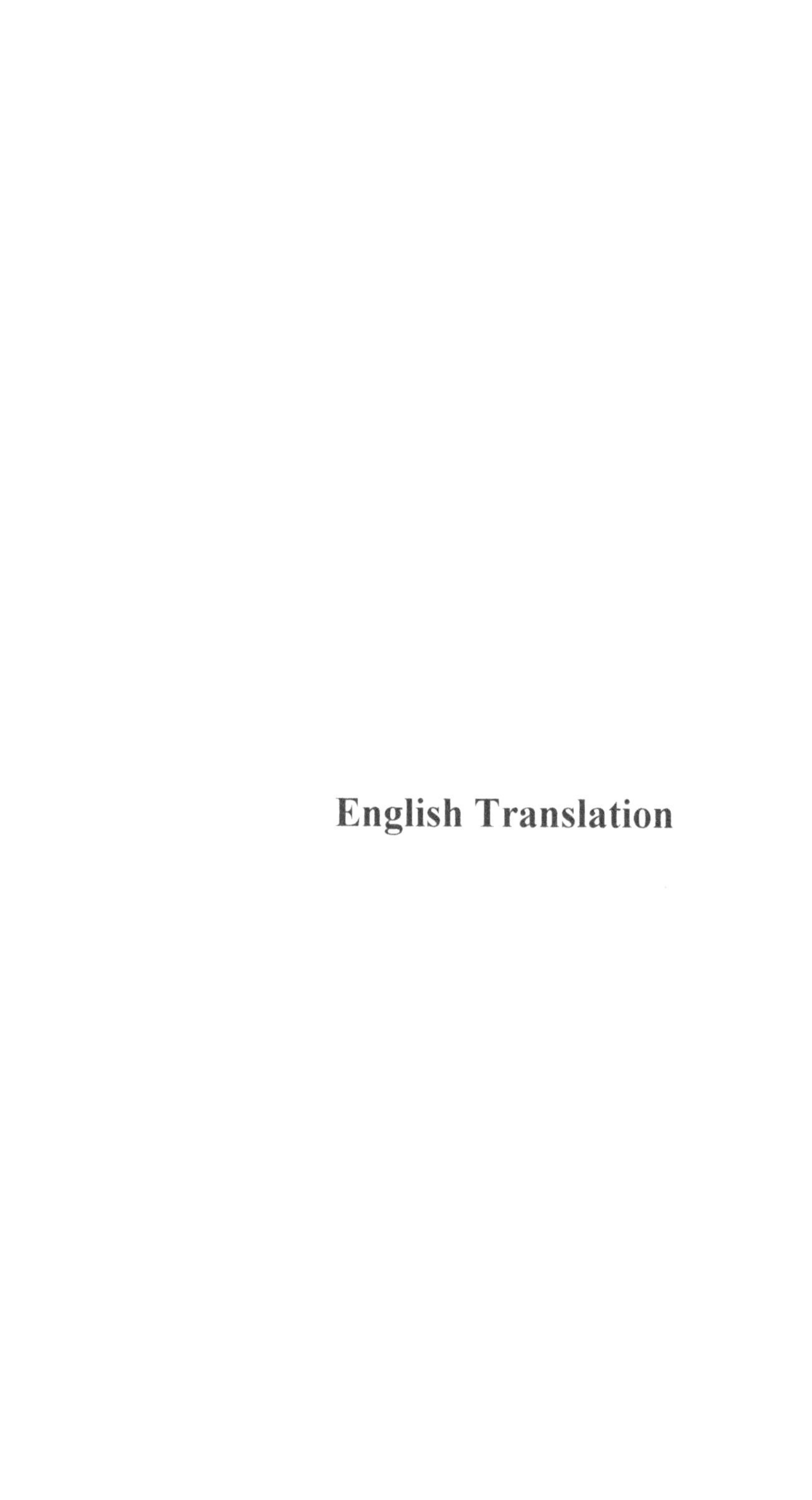

English Translation

In the name of Allah, the Most Gracious, the Most Merciful

"A Book by the Greek Physician Qustā bin Lūqā al-Ba'albeki on Hair Disorders"

I have composed it for Abu Muhammad al-Hasan ibn Makhlad al-Tamasi. May God strengthen me and bring you closer to me. This encourages me to present you with whatever I find a way to, and I have informed your honorable that you asked me about the causes of baldness and graying at old age, and about the prevention of hair growth in the armpits, and the related concepts discussed in poetry, due to the vitality of these concepts and the ease of memorizing them. Therefore, I deemed it appropriate to compose for you, may God bless you, a book in which I explain the causes of everything related to the science of hair. I have done so, and I have divided this discourse into chapters, and have listed the chapters with their numbers at the beginning so that the whole book may be clear and easy for the readers to go through any chapter he desires. I have used brevity and conciseness in this endeavor to lighten the burden on you in your study, since the time available to you is very limited due to the continuous demands of the sultanate's affairs. May God lead you closer to Him and preserve you in soundness of mind and body, for He is capable of all things.

Chapter 1: From what does hair grow and how does it grow?

Chapter 2: What is the benefit of hair?

Chapter 3: Why do eunuchs, women, and children not grow beards and have little hair on their bodies?

Chapter 4: What is the cause of baldness? Why does it occur mainly in old age? Why does it occur on the front and middle of the head and on the crown but not on other parts of the head? Why do eunuchs, women, and children rarely go bald?

Chapter 5: Why do people suffering from acute diseases lose their hair, especially if their illnesses are prolonged?

Chapter 6: What is the cause of gray hair? Why does it occur mainly in old age? Why are the hairs of young children at the time of their birth often inclined towards blondness, and then they darken as they grow older?

Chapter 7: What is the cause for hair being curly, wavy, or straight? Why is it curly in Sudan, wavy in Taqaliba, and straight in Arabs, Persians, and Romans?

Chapter 8: Why does hair grow differently on the body, so that it is abundant on the chest, armpits, pubic area, palms, and shins, but absent in the armpits and soles of the feet?

Chapter 9: What is the cause for a person to be hairless?

Chapter 10: Why do eyelashes and eyebrows not grow as much as other hair on the body?

Chapter 11: What does each condition of hair indicate about the condition of the body?

Chapter 12: What is the cause for hair to be affected by diseases such as alopecia areata, ringworm, and others?

Chapter 1: From what does hair grow?

Hair originates from the smoky vapor that is produced by the fiery heat in the body. Indeed, every heat that ignites in a body inevitably stirs up vapor from it. This vapor differs according to the body from which it is generated. If the body that is acted upon by fire is moist, then the vapor that is generated from it is a moist vapor or a cloudy vapor that quickly transforms into water, like that which is generated from water when the sun heats it or when it is boiled over fire and heats up. The same happens when fire is ignited in moist wood and from moist objects that are cooked by fire, for a large amount may be dissolved from their moisture and become vapor.

If the body upon which the fire acts is dry and extremely dry, then the vapor that is generated from it is a dry, smoky vapor, like that which is generated from dry wood and from the tops of mountains when the sun heats them, and like the vapor that rises from the ovens in which bread, gypsum, bricks, and glass, and other such solid bodies, are baked. And the human body is not devoid of innate heat, for it heats the humors within it and stirs up their vapors. These vapors penetrate throughout the body until they exit through the pores of the skin, even if their exit is imperceptible to the senses except rarely, as in the case of a bathhouse, especially in winter and cold weather, when a person can see vapor coming from their entire body, and especially from their palms and fingertips. And that vapor can vary greatly.

And from it [the body] comes a moist, thin vapor, apparent in its moisture, perceptible to the senses. It acts as sweat and exits through the pores in the skin, which are called 'Nouri' in Greek and 'Masam' in Arabic, meaning the pores of the body, its passages, and its pathways. And from it comes a thick, moist vapor that is generated in the body when its heat decreases. It becomes abundant in it and does not have the strength to exit, so its residue remains in the flesh beneath the skin, causing it to swell, like what happens with facial puffiness and swelling of the legs and feet in diseases of the stomach, dropsy, wasting, and in general in all diseases that weaken the innate heat. And from it comes a dry, smoky vapor that exits with force and abundance. When it reaches the pores, which are small holes in the skin imperceptible to the senses, it accumulates and compresses, and it is obstructed in them due to its abundance and the force of its penetration, and the narrowness of the pores for its exit. Thus, it dries and solidifies, remaining like small hair-like dots in those pores. And because the heat is constantly present in the human body and does not extinguish if the person is alive, the smoky vapor does not cease. So, when another subsequent vapor arrives, it compresses and condenses in those pores, and due to the narrowness of the space, it pushes out what was previously solidified in those pores, and that first one emerges to the outside of the body and becomes fixed in its position, connected to it. Thus, that becomes the tip of the hair, and its end is like a dot. Then, another smoky vapor comes, and it excavates and pushes out what preceded it, emerging from the skin connected to what came before it, and thus a portion of the hair that is perceptible to the senses appears outside the skin. This process continues until it grows, becomes abundant, and becomes hair. This is clear in the growth of hair after using a depilatory, for we can initially see what grows from it resembling dots on the surface of the body, then it increases dot by dot until the hair lengthens, straightens, and returns to its original state.

Chapter 2: What is the benefit of hair?

Some hair is created solely for adornment, such as the hair of the beard, armpits, and pubic area. Other hair is created for both adornment and utility, like the hair on the head, eyebrows, and eyelashes.

As for the hair on the head, in addition to its adornment, it also provides protection for the head from heat, cold, blows, and impacts, as well as other external harms. And as for the eyebrows, in addition to their adornment, they prevent the moisture that flows from the head from entering the eyes. Indeed, whatever flows from the top of the head onto the face follows the direction of the hair and does not go towards the inside of the eye, as is the case with those who make vinegar and pickles, for they place a cloth around their heads to prevent what they pour from flowing downwards or dripping into the vessel itself.

And as for the eyelashes, in addition to their adornment, they also serve a great purpose in the closing of the eyelids during sleep and wakefulness, for they close them tightly so that dust cannot penetrate and harm them or other small particles.

For it may happen that during strong winds and dusty conditions, a person may close their eyelids in a way that prevents dust from entering the eye but does not prevent sight. This is because the interlocking and alignment of the eyelashes prevent dust from entering the eye, but allow for vision. However, the hair of the beard, as we have said, is an adornment for men and a sign of dignity, and serves no other purpose. For the male among humans, the beard improves his appearance and gives him dignity and awe. Therefore, scholars, judges, and leaders of nations cultivate and care for their beards. As for the hair on the rest of the body, its benefit is greater for non-speaking animals. For it serves as clothing, covering, and protection against cold, heat, and external harms such as blows, throws, and strikes, and other such harms. This is evident in camels, donkeys, sheep, mules, horses, cattle, and many other non-speaking animals. As for speaking animals, the Creator, exalted and glorious is He, has given them intellect with which they can produce crafts, and He has given them the tools of the hand, palm, and its fingers in their bending, straightening, grasping, and releasing, along with other tools that they use to make clothing for their bodies from materials such as cotton, linen, and the hair of non-speaking animals such as wool and fur. And they use of these always according to what suits them and the amount that they need. Thus, they have no need for the hair that is on their bodies, and so they remove it with depilatories. They suffer no harm from this, nor do they suffer any deficiency, if clothing suffices for them to cover more of their bodies than hair did.

Chapter 3: Why do women, children, and eunuchs have very little hair on their bodies and no beards?

We stated in the first chapter of this book that the generation of hair occurs from smoky vapor that accumulates in the pores of the skin, dries, and is then pushed out. When the pores are easy to penetrate, the smoky vapor exits easily without accumulating enough to dry and harden into hair. However, if the pores are very hard and dense, nothing of the vapor can penetrate them, and no hair grows there.

The bodies of eunuchs, women, and children, due to the abundance of moisture in them and its dominance, are conducive to the penetration of what is dissolved without pores and passages being visible from which the vapor exits. This is because moisture necessitates this condition, just as hardness and density necessitate the prevention of what penetrates. If moisture allows for easy penetration, then hard substances do not allow for this, as is the case with moist substances. Therefore, in the bodies of eunuchs, women, and children, due to the moisture in them, the vapors penetrate and do not accumulate in their pores, so there is no hair.

Furthermore, the vapor that is generated in the bodies of women, children, and eunuchs is not, for the most part, a dry, smoky vapor like that found in the bodies of mature young men. Thus, it is not suitable to be an element of hair. For the element of hair, as we have said, is only from a hot, smoky vapor. This is the reason for the deficiency of head hair, eyebrow hair, and eyelash hair in them, although it is present in them as it is in mature young men, since it was created for benefit from the beginning of creation, just as all other parts of the body were created.

And as for the beard, we have also said that it was created only for the adornment and dignity of men, and for no other benefit. The absence of beards in boys is since their bodies are moist and the vapors generated in them are moist, due to their recent nourishment on milk and the beginning of growth. When their bodies mature and the humors from which the vapors are generated become dry in their bodies, beards appear for them. As for eunuchs, they lack a major organ of the body and a source of innate heat. Since the innate heat is deficient in them, the smoky vapors are also deficient, cutting off the material from which beard hair is formed. Thus, it is absent from them. For the same reason, it is absent from women, as the material from which males are created is, from the origin of creation, hotter and drier than the material from which females are created.

Chapter 4: What is the cause of baldness, and why does it only occur in old age? Why does it occur at the front and middle of the head and on the crown, but not the rest of the head? Why is it that slaves, women, and children rarely go bald?

Just as excessive moisture in women, children, and eunuchs prevents hair growth on their bodies, so too does the hardness of the scalp and the deficiency of nourishment in the bodies of the elderly cause baldness in them. This is because the human body, from its beginning to its end, becomes increasingly dry. When it reaches the extreme of dryness, it completely perishes, and this perishing is death—natural death, that is, which occurs without any external cause or accident. Since the human body becomes increasingly dry and arid, in old age it reaches a degree of dryness that causes the pores to contract and close, tightening the skin. This tightening is different in different parts of the skin. The skin that is over a lot of flesh may benefit from the moisture of the underlying flesh, which prevents it from tightening as severely as the pores.

And as for the skin that does not have much flesh beneath it, but rather bone, there is no flesh to provide it with moisture. Therefore, it contracts more severely, and the pores in it tighten completely, preventing the smoky vapor from penetrating. This cuts off the material of the hair, resulting in baldness. Therefore, it occurs at the front, middle, and crown of the head, but not at the back or near the temples.

This is because these areas have more flesh than the front. You can perceive by touch that the flesh under the skin at the back of the head and near the temples is more than that at the front, middle, and crown of the head. Additionally, the vital heat is deficient in the elderly. Therefore, the smoky vapor, which we said is the element of hair, is little and weak, and it does not have the strength to overcome and penetrate the pores of the scalp, which have narrowed due to the dryness caused by age. Thus, it retreats in most cases and becomes material for beard hair and other body hair. Whenever baldness occurs, it is either in people with a lot of living hair or in those whose body hair is plentiful. As for eunuchs, women, and children, since their bodies are naturally moist, the scalp does not become as dry with age to the extent that it contracts severely, tightening the pores and cutting off the material of the hair. Therefore, they do not go bald.

Chapter 5: Why do the nails of those suffering from acute illnesses lose their luster, especially if their illnesses are prolonged?

As we have explained, the smoky vapor is the material for hair. This vapor is generated by the abundance of matter, as it is produced by the action of heat on an element. The element upon which this heat acts is the humors that are generated from food. The bodies of those who suffer from acute illnesses lack a great deal of food during the duration of their illness. As a result, the humors upon which heat acts decrease in their bodies, especially if their illness is prolonged. Thus, the smoky vapor, which is the element of hair, decreases, does not become abundant or dense, and does not connect, causing the hair to fall out.

Chapter 6: What is the cause of gray hair? Why does it only appear in old age? And why is it that the hair of young children is often inclined towards blondness, but as they grow older, it becomes dark?

Every vapor that is generated from an element generally resembles the qualities of the element from which it is generated. Therefore, the vapor that arises from fragrant substances is sweet-smelling, and that which arises from their opposites is the opposite. For this reason, the vapor that arises from substances whose colors are inclined towards whiteness, such as sulfur, affects whatever it encounters with a white color. Even dyers fumigate clothes with it to increase their whiteness. Similarly, moist wood with a green bark may produce a green vapor, and other colored substances may produce a smoky vapor that is similar in color to their own.

In the bodies of the elderly, since phlegmatic humors predominate over the other humors, the vapor generated from them is mixed with a whiteness in its color. Thus, the hair that arises from it is white.

When a person is treated with substances that have a drying quality and expel phlegm, purifying the stomach, veins, and other vessels of the body, such as hellebore, or with substances that have heat that dissolves and breaks down phlegm when mixed with substances that expel it from the body's vessels through diarrhea, such as ginger, squill, and zedoary, when used as a confection with honey or mixed with various types of hellebore, gray hair is reduced or prevented if this treatment is applied before it becomes predominant in the body.

And as for children, since the sanguine humor predominates in them, especially before birth if their nourishment is pure blood, the vapors generated in their bodies are of a changing color towards blondness. Therefore, their colors are mostly inclined towards blondness. And some of them, when the melancholic humor becomes predominant in them, become dark. When they reach the age when phlegm predominates, they become gray, and the abundance or scarcity of gray hair depends on the predominance or scarcity of phlegm in their bodily humors.

Chapter 7: What is the cause of curly, wavy, or straight hair? Why is hair curly in the Sudanese, wavy in the Slaves, and straight in Arabs, Persians, and Romans?

Curly hair is caused by excessive heat and dryness of the smoky vapor from which hair is generated, and by the extreme density and hardness of the skin. When the smoky vapor is excessively hot and dry, its exit is twisted and coiled, like what happens to objects placed near fire. Anything placed near fire, until it reaches the degree of heat that causes it to burn, will become twisted and coiled. This is evident in hair itself, as when it is brought close to fire, until it is reached by the heat, it becomes twisted. This is also evident in other objects besides hair. The vapor from which hair is generated, if its heat is excessive, penetrates the body in a twisted manner and exits from the pores in the skin in this way. Therefore, after exiting the skin, it remains in its generated form, being twisted and contracted. When the hard skin is reached by the vapor and finds no smooth passage, it takes a right or left path until it finds a way to penetrate. Its penetration through this path is crooked, as it has deviated from the straightness of its path. This is evident in the smoke that comes from furnaces and other fire-making devices, when its exit is diverted from the straight path of the furnace. It exits inclined and crooked in a zigzag manner. For this reason, hair is curly. Most of the people with curly hair are the Sudanese and the Nubians, and those who have a black and dark complexion. This is due to the excessive heat in them and its dominance, and its similarity to the vapor and the moist. And it is due to the predominance of moisture in the body's skin and its lack of density. This condition is found in nations whose temperament is dominated by moisture, such as the Slavs, Turks, and Khazars, and those who live in lands dominated by cold and moisture.

As for straight hair, it is caused by the weakness of the heat of the smoky vapor from which the hair is generated. As for other nations with a moderate temperament, their hair is straight due to the moderate heat in them and the moderate condition of their bodily pores between the two previously mentioned states.

Chapter 8: Why does hair growth vary in different parts of the body, such that it is abundant on the chest, groin, and the exterior of the arms and legs, but absent on the palms and soles?

Since the members of the body differ in temperament and form, what is generated in them differs according to their differences and the differences in the pores from which they emerge. Whatever is adjacent to the heart, like the middle of the chest and what follows it, has a great deal of vital heat, as the heart is the origin of heat in the body and the strongest. The exit of smoky vapors from it is in that proportion, so the hair there is abundant. And everything that follows the groin and the inner thighs, since it is adjacent to both, which are sources of the heat in the body, has a great deal of vital heat. Therefore, the emergence of vapors from it is abundant, and consequently, hair grows there.

As for the armpits, although the flesh there is soft and glandular, and the way for hair to grow is only in places where hardness and dryness predominate, they are in a place of meeting, as it were, where the paths of the body's materials, humors, and vapors converge, and they become embedded and vaporize, lingering there. Therefore, boils and blockages frequently occur there, and for this reason, vapors abound in them, and hair growth increases there. As for the abundance of hair on the exterior of the arms and legs and its scarcity on the interior, this is due to the abundance of moisture in the interior compared to the exterior. The reason for the abundance of moisture in the interior of the arms and legs compared to the exterior is that the interior of the thigh and the interior of the forearm are always in contact with the upper arm and the sides, or what is between them, and due to the abundance of contact and the scarcity of their exposure to air, they are moist, and therefore hair does not grow there.

As for the palms and soles, the reason for the absence of hair is the excessive dryness and density of the skin there. This is because their flesh was furnished at the time of creation with many nerves, and they were made extremely united with it so that the sensation in them would be stronger and more perfect. This was for a purpose of the Creator, may He be exalted and glorified, because the absence of hair in these two members has a great benefit for the human being, due to the need for the hand to be clean for grasping things and touching objects that cannot be grasped without the absence of hair. In general, if there were hair on the palms, it would cause a great deal of harm in what is grasped and handled by the hands. And as for the soles of the feet, if there were hair on them, it would certainly harm the human being in walking and in many of his movements and other states. Therefore, it was best in creation that there be no hair at all on the palms and soles.

Chapter 9: Why some have little or no body hair?

The lack of body hair, or being hairless, is caused by a cold temperament and a deficiency in natural heat. When the natural heat in the body decreases, the vapors produced also decrease. If the vapors decrease, their exit from the body diminishes, and consequently, hair production decreases and its vitality is reduced. Therefore, a hairless person will usually have little hair on the rest of their body and will be late in reaching puberty compared to their peers of the same age who have normal hair growth. This is evidence of a cold temperament and low heat in hairless individuals. If this is not the case for the entire body, such that the temperament is as we have described, then without doubt, the temperament of the skin will be of this nature, being thick and dense.

Chapter 10: Why eyebrows and eyelashes do not grow continuously?

Eyebrows and eyelashes do not grow continuously like other hair because they were created by the Creator for both utility and beauty, as we have explained previously. Their utility remains constant, and therefore they themselves remain in a constant state, neither increasing nor decreasing. Just as their utility is the same in all humans and species, so their creation was made general from the beginning of existence, and they do not require increase or length as do the hairs of other organs whose roots are cartilaginous and whose conditions do not change to maintain the quantity they have.

Chapter 11: What each condition of hair indicates to the conditions of the body?

Hair can indicate the conditions of the body, the heart, and the reproductive organs. Therefore, those skilled in physiognomy use hair to infer these three states which originate from these three organs:

- **Intelligence and stupidity:** These are attributed to the brain.
- **Courage and cowardice:** These are attributed to the heart.
- **Procreation and its opposite:** These are attributed to the reproductive organs.

The hair of the head indicates the condition of the reproductive organs. If the hair on the head grows quickly after birth, is black, strong, and thick, it indicates the heat of the brain and suggests that the person will eventually become bald. Such a person is intelligent, quick-witted, and has good intuition, but their thinking is average. If the hair is fine, red, and grows slowly after birth, it indicates coldness of the brain and that the person lacks intuition but is deep in thought. If the hair is strong, curly, black, and grows quickly after birth, it indicates dryness of the brain and that the person is intelligent, quick-witted, and thoughtful. Such a person is unlikely to become bald and lacks intuition.

And as for the hair on the chest, if it is thick and dense, it indicates the heat and dryness of the heart, and the individual is courageous and bold. If it is little and thin, it indicates the coldness of the heart's temperament, and its owner is kind and arrogant. As for the hair of the groin and below, if it is abundant, dense, and thick, it indicates the heat of the reproductive temperament, and the individual is fertile, loving of sexual intercourse. If, along with density and abundance, it reaches near the navel and some of the thighs, it indicates the heat of the reproductive temperament, and the individual is fertile, with thick semen and a strong libido, but excessive indulgence in sexual activity may harm his nature. As for hair that is neither thick nor coarse, it indicates that the reproductive temperament is hot and moist, and the individual has abundant semen but not a strong libido; however, he can endure frequent sexual intercourse without harm. As for thin and weak hair, it indicates that the reproductive temperament is cold, and its owner's sexual arousal is slow, his libido is not strong, his semen is thin and watery, and he has few children. These indicators that we have mentioned are only valid for hair in regions with moderate climates. As for regions with other climates, one should not rely on these indicators, because the climate of a region changes the hair in a way that is not followed by other organs, and it will be in the conditions that we have mentioned.

Chapter 12: Reasons of hair disorders

Reason why hair is subject to afflictions like alopecia areata, Dā' al-Hayya (snake's disease), and lichen. Just as fruits and herbs do not grow except in a fertile land, hair also needs rich nutrition and good care.

Urdu Translation

بسم اللہ الرحمن الرحیم وبہ نستعین

شروع اللہ کے نام سے جو رحمان ورحیم ہے اور ہم اسی سے مدد طلب کرتے ہیں

قسطا بن لوقا نامی یونانی طبیب نے یہ کتاب ابو محمد الحسن بن مخلد التماسی کے لیے لکھی ہے۔ اس نے یہ کتاب اس لیے لکھی کہ وہ ابو محمد کو خوش کرنا چاہتا تھا اور اس کی قربت حاصل کرنا چاہتا تھا اور جو کچھ بھی اسے معلوم ہوا، اسے ابو محمد کو بتانے کی کوشش کی۔

ابو محمد نے بالوں کے جھڑنے، سفید ہونے اور داڑھی میں بال نہ آنے کی وجوہات کے بارے میں پوچھا تھا۔ اس نے یہ سوال اس لیے کیا تھا کہ وہ چاہتا تھا کہ اس موضوع پر کلام سہل ہو جائے اور اسے یاد رکھنا آسان ہو۔

چنانچہ قسطا بن لوقا نے ابو محمد کے لیے ایک کتاب لکھی جس میں اس نے بالوں سے متعلق تمام بیماریوں کی وجوہات بیان کیں۔ اس نے اپنی کتاب کو مختلف ابواب میں تقسیم کیا اور ہر باب کا نام بھی لکھ دیا تاکہ کتاب پڑھنے والے کو کوئی دشواری نہ ہو۔

اس نے کتاب کو مختصر اور جامع بنایا تاکہ ابو محمد کو اسے پڑھنے میں کوئی مشکل نہ ہو کیونکہ ابو محمد کے پاس بہت کم وقت تھا اور وہ حکومتی کاموں میں مصروف رہنا پڑتا تھا۔

قسطا بن لوقا نے اللہ تعالیٰ سے دعا کی کہ وہ ابو محمد کو اپنی قربت عطا فرمائے اور اسے سلامت رکھے۔

پہلا باب : بال کس طرح اور کیسے اُگتے ہیں ؟

دوسرا باب : بالوں کا کیا فائدہ ہے ؟

تیسرا باب : ہجڑوں، عورتوں اور بچوں میں داڑھی کیوں نہیں ہوتی اور ان کے جسم پر بال کم کیوں ہوتے ہیں ؟

چوتھا باب : گنج پن کی کیا وجہ ہے ؟ یہ عموماً بڑھاپے میں کیوں ہوتا ہے ؟ یہ زیادہ تر سر کے آگے اور درمیان میں اور چوٹی پر ہی کیوں لاحق ہوتا ہے اور بوڑھے، عورتیں اور بچے کم گنجے کیوں ہوتے ہیں ؟

پانچواں باب : شدید بیماریوں میں مبتلا افراد کے بال کیوں جھڑتے ہیں، خاص طور پر جب بیماری طویل ہو ؟

چھٹا باب : سفید بالوں کی کیا وجہ ہے ؟ یہ زیادہ تر بڑھاپے میں کیوں لاحق ہوتا ہے ؟ چھوٹے بچوں کے بال عموماً زرد کیوں ہوتے ہیں جو بالغ ہونے پر سیاہ ہو جاتے ہیں ؟

ساتواں باب : بالوں کے گھنگرالے، سیدھے اور لہر دار ہونے کی کیا وجہ ہے ؟ افریقیوں کے بال گھنگرالے، ایشیائیوں کے سیدھے اور عرب، فارس اور رومیوں کے لہر دار کیوں ہوتے ہیں ؟

آٹھواں باب : جسم میں بالوں کی مقدار مختلف کیوں ہوتی ہے مثلاً سینہ ، پیٹ، بازوؤں، ہاتھوں اور ٹانگوں پر زیادہ اور ہتھیلیوں اور پاؤں کے تلوؤں پر بال کیوں کم ہوتے ہیں ؟

نواں باب : انسانوں میں گنج پن کی کیا وجہ ہے ؟

دسواں باب : مونچھ اور بھؤوں کے بال جسم کے دیگر حصوں کے بال کی طرح کیوں نہیں بڑھتے ؟

گیارہواں باب : بالوں کی حالت سے جسم کی حالت کے بارے میں کیا پتا چلتا ہے ؟

بارہواں باب : بالوں کی بیماریوں کی وجوہات

پہلا باب : بالوں کی تولید کس مادہ سے ہوتی ہے ؟

بالوں کی تولید بدنی حرارت ناریہ سے پیدا ہونے والے بخارات دخانیہ سے ہوتی ہے اور یہ اس لیے بھی کہ ہر قسم کی حرارت جسم میں ہی مشتعل ہوتی ہے اور یقینی طور پر جسم انسان سے بھی بخارات کا ظہور ہوتا ہے ،اور ان بخارات کا رنگ جسم انسان کے مختلف ہونے کی وجہ سے مختلف النوع ہوتا ہے۔ لہذا حرارت اگر جسم رطب میں پیدا ہو تو اس سے پیدا ہونے والے بخارات بھی رطب یا بادلوں کے مانند ہونگے جن میں پانی میں تیزی سے تبدیل ہونے کی تاثیر ہوتی ہے؛ جس طرح سورج کی حرارت سے پانی کے گرم ہونے پر بخارات بنتے ہیں۔اسی طرح جب پانی کو آگ پر گرم کیا جاتا ہے تو وہ گرم (ہو کر بخارات میں تبدیل) ہو جاتا ہے اور گیلی لکڑی سے نکلنے والے بخارات کے مانند جن میں آگ لگائی گئی ہو اور گیلی چیزوں سے نکلنے والے بخارات جن کو آگ پر پکایا جاتا ہے، کی نمی کا ایک بڑا حصہ بخارات میں تبدیل ہو جاتا ہے۔

اگر آگ انتہائی خشک چیز میں لگائی جائے، تو اس سے پیدا ہونے والے بخارات بھی خشک اور دھوئیں دار ہونگے۔ خشک لکڑی سے نکلنے والے بخارات کی طرح یا سورج کی تپش کی وجہ سے پہاڑوں کی چوٹیوں سے اٹھنے والے بخارات، یا تندور سے اٹھنے والے بخارات جن میں گوشت، گج، اور

اینٹیں، یا شیشہ پگھلایا جاتا ہے، اور اسی طرح دیگر سخت اشیاء سے جو ان کاموں میں استعمال ہوتی ہیں۔

انسان کے جسم میں حرارتِ غریزیہ ہمیشہ موجود رہتی ہے۔ یہ جسم کے اندر موجود اخلاط کو گرم رکھتی ہے جو بخارات میں تبدیل ہو جاتے ہیں۔ یہ بخارات پورے جسم میں پھیلتے ہیں اور آخرکار جلد کے ذریعے خارج ہو جاتے ہیں۔ یہ عمل بہت ہی آہستہ ہوتا ہے اور عام طور پر محسوس نہیں ہوتا۔ تاہم، گرم غسل خانے میں، خاص طور پر سرد موسم میں، یہ عمل زیادہ نمایاں ہوتا ہے۔ انسان اپنے پورے جسم سے بخارات نکلتے ہوئے دیکھ سکتا ہے، خاص طور پر ہتھیلیوں اور انگلیوں سے، اور یہ بخارات بہت زیادہ مختلف ہو سکتے ہیں۔

جسم سے ایک نم اور باریک بخار خارج ہوتا ہے، جس میں نمی صاف نظر آتی ہے، جسے حس کے ذریعے محسوس کیا جا سکتا ہے۔ یہ پسینے کی جگہ لیتا ہے اور جلد کی ان نالیوں سے نکلتا ہے جنہیں یونانی زبان میں 'نوری' کہتے ہیں اور عربی میں انہیں 'مسامِ بدن'، 'منافذِ بدن' اور 'سبلِ بدن' کہا جاتا ہے۔ اس کے علاوہ، ایک نم اور گاڑھا بخار بھی جسم میں پیدا ہوتا ہے جس میں حرارت کم ہو جاتی ہے۔ اس بخار میں اتنی قوت نہیں ہوتی کہ وہ باہر نکل سکے، اس لیے یہ جلد کے نیچے گوشت میں باقی رہ جاتا ہے، اور نفخ لاحق کرتا ہے جس طرح

امراضِ معدہ، استسقاء، مرض دق و دیگر امراض میں حرارت غریزیہ ضعیف ہو جاتی ہے، اور چہرے پر تھیج اور پنڈلیوں میں ورم لاحق ہو جاتا ہے۔

اسی طرح خشک دخانی بخار کا اخراج قوت و کثرت سے ہوتا ہے، جب یہ منافس میں پہنچتے ہیں جو جلد میں موجود چھوٹے چھوٹے سوراخ ہیں اور جنہیں محسوس نہیں کیا جا سکتا، آپس میں جمع ہو جاتی ہے اور دباؤ ڈالتی ہے۔ بخارات کی کثرت اور قوت کی وجہ سے یہ ان سوراخوں میں گھس جاتی ہے اور تنگ جگہ کی وجہ سے ان سے باہر نہیں نکل پاتی۔

بخار خشک اور سخت ہو جاتا ہے اور ان سوراخوں میں ایک سیاہ داغ کی مانند لگتا ہے۔ چونکہ انسان کے جسم میں ہمیشہ کچھ حرارت موجود رہتی ہے اور انسان جب تک زندہ ہے، یہ دخانی بخارات بند نہیں ہوتے۔ پھر جب کوئی دوسرے قسم کا بخار انہی راستوں میں داخل ہوتا ہے اور وہاں جمع ہونا شروع ہوتا ہے اور جگہ تنگ ہو جاتی ہے تو یہ پہلے سے موجود خشک بخار کو باہر دھکیل دیتا ہے۔ اور یہ پہلا بخار جسم سے باہر نکل کر اپنی جگہ پر قائم رہتا ہے۔

اس طرح بال کا آخری حصہ ایک نقطے کی مانند ہو جاتا ہے۔ پھر ایک دھوئیں دار بخار آتا ہے جو اسے آگے اور اوپر کی طرف دھکیل دیتا ہے۔ اس طرح بال جلد سے باہر نکل آتا ہے جو جسم پر پہلے سے موجود بالوں کے مشابہ ہوتا ہے۔ اس طرح بال اتنا بڑھ جاتا ہے کہ اسے محسوس کیا جا سکے۔ یہ عمل تب تک جاری رہتا ہے جب تک کہ بال مکمل طور پر بڑھ نہ جائے اور اپنی پہلی

حالت پر واپس نہ آ جائے۔ یہ بات بالوں کی افزائش کے بعد واضح طور پر دیکھی جا سکتی ہے، خاص طور پر جب بالوں کو نرم کرنے والی کسی چیز (نورہ) سے صاف کیا جاتا ہے۔ اس وقت مشاہدے میں آتا ہے کہ ابتدا میں بال ایک نقطے کی مانند جلد کی سطح پر نمودار ہوتا ہے اور پھر یہ نقطہ بتدریج بڑھتا جاتا ہے جب تک کہ بال لمبا اور سیدھا نہ ہو جائے اور اپنی اصل حالت میں واپس نہ آ جائے۔

دوسرا باب : بالوں کا کیا فائدہ ہے؟

بال دو قسم کے ہوتے ہیں : ایک وہ جو صرف زینت کے لیے پیدا ہوتا ہے جیسے داڑھی، رخسار اور بغل کے بال۔ دوسرے وہ جو زینت کے ساتھ ساتھ فائدہ بھی دیتے ہیں جیسے سر کے بال، ابرو اور پلکوں کے بال۔ سر کے بال نہ صرف زینت کے لیے ہیں بلکہ سر کو گرمی، سردی، ضربات اور دیگر نقصانات سے بھی بچاتے ہیں۔ جبکہ ابرو کے بال نہ صرف زینت کے لیے ہیں بلکہ سر سے نکلنے والی رطوبت کو آنکھوں میں جانے سے بھی روکتے ہیں۔ اس کی وجہ یہ ہے کہ سر سے جو بھی چیز چہرے کی طرف بہتی ہے، وہ بالوں کی طرف مائل ہو جاتی ہے اور آنکھ میں نہیں جاتی۔ یہ بالکل اسی طرح ہے جیسے خمارون (نساء الخمار) اور خلالون (نساء الخلال) اور زیاتون (نوع من النساء) اپنے بالوں کے ساتھ کرتی ہیں۔ وہ اپنے سر پر کچھ ایسا مادہ لپیٹتی ہیں جو گرد و گرد ہوتا ہے اور جب وہ چیزیں ڈالتی ہیں تو وہ نیچے یا برتن کے اندر نہ گرے۔

پلکوں کے بالوں کے بارے میں، یہ کہا جا سکتا ہے کہ وہ نہ صرف زینت کے لیے ہیں بلکہ آنکھوں کی پپوٹوں کو اچھی طرح بند رکھنے میں بھی بہت فائدہ مند ہیں۔ چاہے ہم نیند میں ہوں یا بیدار ہوں، پلکیں بہت مضبوطی سے بند ہو جاتی ہیں کیونکہ دھول اور دیگر باریک چیزیں داخل نہیں ہو پاتی ہیں جو آنکھوں کو نقصان پہنچا سکتی ہیں۔

تیز ہوا کے وقت پلکیں اس طرح بند ہو جاتی ہیں کہ دھول مٹی آنکھ میں نہ جائے ساتھ ہی نظر بھی بند نہ ہو۔ اور یہ اس لیے ہوتا ہے کہ جب پلکیں ایک دوسرے پر چپک جاتی ہیں تو وہ دھول کو آنکھ میں جانے سے روک دیتی ہیں۔ لیکن داڑھی کے بالوں کے بارے میں ہم نے پہلے ہی کہہ دیا ہے کہ وہ صرف مردوں کے لیے زینت اور وقار کا باعث ہیں اور اس کے علاوہ ان کا کوئی اور فائدہ نہیں۔

مردوں کے لیے داڑھی ان کی شخصیت کو بہتر بناتی ہے اور انہیں وقار اور ہیبت دیتی ہے۔ اسی لیے فقہاء، قضاۃ اور رہنما اسے اہمیت دیتے ہیں اور اسے اچھا رکھنے کی کوشش کرتے ہیں، لیکن جسم کے دوسرے حصوں پر موجود بالوں کا فائدہ غیر متکلم جانوروں کے لیے زیادہ اہم ہے۔

اس کی وجہ یہ ہے کہ یہ بالوں کا مجموعہ لباس اور ڈھال کا کام کرتا ہے جو سردی، گرمی اور بیرونی نقصانات جیسے ضرب، مار اور دیگر نقصانات سے بچاتا ہے جو اونٹ، گدھے، بھیڑ، گھوڑے، گائے اور بہت سے دوسرے جانوروں میں واضح طور پر دیکھی جا سکتی ہے۔

اس کے برعکس اللہ تعالیٰ نے حیوان ناطق کو عقل دی ہے جس سے وہ مختلف چیزیں بنا سکتا ہے۔ اس نے انسان کو ہاتھ، ہتھیلی اور انگلیاں دی ہیں جو مڑتی، پھیلتی، سمٹتی اور مختلف کاموں کے لیے استعمال ہوتی ہیں۔ اس نے اسے دیگر اوزار بھی دیے ہیں جن کی مدد سے وہ اپنے جسم کے لیے کپڑے تیار کرتا

ہے جیسے کہ کپاس، اُون اور غیر متکلم جانوروں کے بال جیسے کہ اون اور روئی۔

انسان ہمیشہ اپنی ضرورت اور موزونیت کے مطابق کپڑے استعمال کرتا ہے اور اسطرح اسے اپنے جسم کے بالوں کی ضرورت نہیں رہتی۔ اسی لیے وہ بالوں کو صاف کرتا ہے اور اس سے کوئی نقصان نہیں پہنچتا۔ جب کہ کپڑے اس کے جسم کے زیادہ حصے کو ڈھانپ لیتے ہیں جو پہلے بالوں سے ڈھکا ہوتا تھا۔

تیسرا باب : عورتوں، بچوں، ہجڑوں میں بال کیوں کم ہوتے ہیں اور داڑھی نہیں نکلتی؟

ہم نے اس کتاب کے پہلے باب میں کہا تھا کہ بال بخار دخانی سے پیدا ہوتا ہے جو جلد کی مسامات میں موجود ہے۔ پھر یہ خشک ہوتا ہے یہاں تک کہ دوسرے بخارات اسے دھکیل دیتے ہیں جس سے یہ جلد سے باہر نکل آتا ہے۔ جب مسامات نرم ہوتے ہیں، تو بخار دخانی آسانی سے نکلتا ہے اور وہ ان میں جمع نہیں ہوتا، یہاں تک کہ وہ خشک ہو کر بال بن جائے۔ لیکن اگر مسامات بہت سخت اور کثیف ہوں تو ان سے بخار دخانی باہر نہیں نکل پاتا اور ان میں بال بالکل نہیں اگتے۔

ہجڑوں، عورتوں اور بچوں کے جسم میں نمی کی کثرت اور غلبہ کی وجہ سے مادہ تحلیل ہو کر آسانی سے ان میں داخل ہو جاتا ہے، حالانکہ ان میں مسامات اور مجاری نظر نہیں آتے جن سے بخار دخانی نکل سکتا ہو۔

اور یہ اس لیے ہے کہ نمی کو یہ حالت لازمی طور پر اسی طرح حاصل ہے، جس طرح صلابت اور کثافت میں اس بات کی صلاحیت ہے کہ اس میں سے کوئی چیز نہ گزر سکے۔ کیونکہ نمی میں ہر وہ چیز آسانی سے گزر جاتی ہے جو اس سے مشابہ ہوتی ہے، اور سخت اشیاء میں ایسا نہیں ہوتا جیسا کہ نم اشیاء میں ہوتا ہے۔ اس لیے ہجڑوں، عورتوں اور بچوں کے جسم سے، کیونکہ ان میں نمی

زیادہ ہوتی ہے، بخارات نکل جاتے ہیں اور اپنے مقابل کو روک نہیں پاتے، اس لیے ان میں بال نہیں اگتے۔

اور یہ اس لئے بھی ہے کہ عورتوں، بچوں اور ہجڑوں کے جسم میں جو بخارات پیدا ہوتے ہیں وہ اکثر دھوئیں کی طرح خشک بخارات نہیں ہوتے جیسے کہ جوان مردوں کے جسم میں ہوتا ہے۔ اس لیے یہ بالوں کا عنصر نہیں بن سکتے۔ اور ہم نے پہلے کہا تھا کہ بالوں کا عنصر صرف گرم اور دھوئیں دار بخار سے بنتا ہے۔ پس یہی وجہ ہے کہ سر، ابرو اور ہونٹوں کے بال کم ہوتے ہیں، حالانکہ یہ بخار ان میں بھی موجود ہوتا ہے جیسے کہ جوان مردوں میں ہوتا ہے۔ کیونکہ یہ جسم کا ایک عضو ہے جو فائدے کے لیے پیدا کیا گیا ہے، جیسے کہ جسم کے دوسرے اعضاء۔

اور داڑھی کے بارے میں ہم نے پہلے بھی کہا تھا کہ یہ صرف مرد کی زینت اور وقار کے لیے بنائی گئی ہے، اس کے علاوہ کسی اور فائدے کے لیے نہیں۔ لہذا بچوں میں داڑھی نہیں ہوتی کیونکہ ان کے جسم نم ہوتے ہیں اور ان میں جو بخارات پیدا ہوتے ہیں وہ بھی نم ہوتے ہیں، اور یہ اس لیے ہے کہ وہ ابھی دودھ پیتے ہیں اور ان کی نشو و نما کا آغاز ہوا ہے۔ لیکن جب ان کے جسم مکمل ہو جاتے ہیں اور ان کے جسم میں جو اخلاط پیدا ہوتے ہیں وہ خشک ہو جاتے ہیں، تو نہیں داڑھی نکل آتی ہے۔

اور خصیوں کے بارے میں تو یہ ہے کہ انہوں نے جسم کے ایک اہم عضو کو کھو دیا ہے، اور فطری حرارت کے ایک اہم منبع کو بھی۔ کیونکہ ان میں فطری حرارت ناقص ہوتی ہے، اس لیے ان میں دھوئیں دار بخارات کم ہوتے ہیں، جو داڑھی کے بالوں کا مادہ بنتے ہیں۔ اس طرح ان میں داڑھی نہیں ہوتی۔ اسی طرح عورتوں میں بھی داڑھی نہیں ہوتی کیونکہ مردوں کا مادہ اصل تخلیق میں عورتوں کے مادے سے زیادہ گرم اور خشک ہوتا ہے۔

چوتھا باب: گنج پن کی وجہ اور اس کا سر کے آگے اور وسط میں ہونا

یہ کیوں ہوتا ہے کہ گنج پن صرف بڑھاپے میں ہی ہوتا ہے؟ اور یہ کیوں صرف سر کے آگے اور وسط میں اور ماں مڈی پر ہوتا ہے، سر کے باقی حصوں پر نہیں؟ اور یہ کیوں ہوتا ہے کہ نوکر، عورتیں اور بچے کم ہی گنجے ہوتے ہیں؟ جیسا کہ عورتوں، بچوں اور خصیوں میں زیادہ نمی کی وجہ سے ان کے جسم پر بال نہیں اگتے، اسی طرح سر کی کھال کا سخت ہونا اور بڑھاپے میں جسم میں غذائیت کی کمی کی وجہ سے بوڑھوں میں گنج پن ہوتا ہے۔ اور یہ اس لیے ہے کہ انسان کا جسم جب سے پیدا ہوتا ہے لے کر جب تک مر جاتا ہے، خشک ہوتا رہتا ہے۔ جب یہ انتہائی خشک ہو جاتا ہے، تو پھر بالکل ختم ہو جاتا ہے۔

اور یہ بطلان موت ہے، یعنی قدرتی موت جو کسی غلطی یا بیرونی سبب کی وجہ سے نہیں ہوتی۔ کیونکہ انسان کا جسم ہمیشہ خشک ہوتا رہتا ہے، اور بڑھاپے میں یہ اتنا خشک ہو جاتا ہے کہ اس کے مسام سکڑ جاتے ہیں اور کھردرے ہو جاتے ہیں اور جلد سخت ہو جاتی ہے۔ اور یہ سختی جلد کے مختلف حصوں میں مختلف ہوتی ہے، کیونکہ جس جلد کے نیچے زیادہ گوشت ہوتا ہے،

وہ اس سے ملحق گوشت کی نمی سے کچھ نرمی حاصل کر لیتی ہے جو اسے زیادہ سختی سے سکڑنے سے روکتی ہے۔

اور جس جلد کے نیچے زیادہ گوشت نہیں ہوتا بلکہ ہڈی ہوتی ہے، اس کے نیچے کوئی گوشت نہیں ہوتا جو اسے نمی فراہم کر سکے۔ اس لیے یہ جلد بہت زیادہ سکڑ جاتی ہے اور اس کے اندرونی راستے مکمل طور پر بند ہو جاتے ہیں۔ نتیجتاً دھوئیں دار بخارات اس میں داخل نہیں ہو پاتے اور بالوں کا مادہ ختم ہو جاتا ہے، جس سے گنج پن ہوتا ہے۔ اس لیے گنج پن زیادہ تر سر کے آگے، وسط اور ماں ڈی پر ہوتا ہے، پیچھے اور کانوں کے پاس کم ہوتا ہے۔ اور یہ اس لیے ہے کہ سر کے یہ حصے (آگے، وسط) دیگر حصوں (پیچھے اور کانوں کے پاس) کے مقابلے میں کم گوشت والے ہوتے ہیں، جسے محسوس کیا جا سکتا ہے۔

اور چونکہ بوڑھوں میں فطری حرارت کم ہوتی ہے، اس لیے ہم نے جو دھوئیں دار بخارات کا ذکر کیا ہے جو بالوں کا عنصر ہیں، وہ کمزور ہوتے ہیں اور ان میں اتنی طاقت نہیں ہوتی کہ وہ سر کی جلد کے مقابلے میں زور لگائیں جو عمر کی وجہ سے خشک ہو چکی ہے۔ اس لیے یہ بخارات زیادہ تر پیچھے ہٹ جاتے ہیں اور داڑھی اور جسم کے دیگر بالوں کا مادہ بن جاتے ہیں۔ اور اسی وجہ سے زیادہ تر گنج پن ہوتا ہے۔

اور جن لوگوں کے جسم پر بہت زیادہ بال ہوتے ہیں یا جن کے جسم میں بہت زیادہ گوشت ہوتا ہے تو وہ بالطبع زیادہ رطوبت رکھتے ہیں۔ ان کے سر کی جلد بھی اس سے زیادہ خشکی نہیں ہوتی اور ان میں سے سر کی جلد عمر کے ساتھ اس قدر نہیں سکڑتی کہ وہ سخت ہو جائے اور بالوں کا مادہ ختم ہو جائے اور اس لیے وہ گنجے نہیں ہوتے۔

پانچواں باب : شدید بیماریوں میں بال کیوں جھڑتے ہیں؟

خاص طور پر جب بیماری طویل ہو تو شدید بیماریوں میں بال کیوں جھڑتے ہیں؟ کیونکہ جیسا کہ ہم نے پہلے بیان کیا ہے، دھوئیں دار بخارات بالوں کا مادہ ہوتے ہیں۔ اور یہ بخارات کسی مادے کی زیادہ مقدار سے پیدا ہوتے ہیں۔ یہ دراصل گرمی کے کسی عنصر پر اثر کرنے سے پیدا ہوتے ہیں اور یہ عنصر غذا سے پیدا ہونے والے اخلاط ہوتے ہیں۔ شدید بیماری میں مبتلا لوگوں کے جسم میں بیماری کی مدت کے دوران غذا کی کمی ہو جاتی ہے جس کی وجہ سے ان کے جسم میں وہ اخلاط کم ہو جاتے ہیں جن پر گرمی اثر کرتی ہے۔ خاص طور پر جب بیماری طویل ہو تو ان میں دھوئیں دار بخارات بہت کم ہو جاتے ہیں جو بالوں کا مادہ ہوتے ہیں۔ اس لیے بال نہ تو بڑھتے ہیں اور نہ ہی مضبوط ہوتے ہیں اور پرانے بال جھڑ جاتے ہیں۔

چھٹا باب : سفید بالوں کی وجہ کیا ہے؟

یہ کیوں ہوتا ہے کہ سفید بال صرف بڑھاپے میں ہی ہوتے ہیں؟ اور یہ کیوں ہوتا ہے کہ چھوٹے بچوں کے بال زیادہ تر سنہرے ہوتے ہیں اور جب وہ بڑے ہوتے ہیں تو سیاہ ہو جاتے ہیں؟ ہر وہ بخار جو کسی عنصر سے پیدا ہوتا ہے، اکثر اوقات اس عنصر کی ہی خصوصیات رکھتا ہے۔ مثلاً، خوشبودار چیزوں سے جو بخارات پیدا ہوتے ہیں وہ خوشبودار ہوتے ہیں اور برے بو والی چیزوں سے جو بخارات پیدا ہوتے ہیں وہ برے بو والے ہوتے ہیں۔ اسی طرح سفید رنگ کی چیزوں سے جو بخارات پیدا ہوتے ہیں وہ جو چیزوں پر اثر کرتے ہیں انہیں سفید کر دیتے ہیں۔ مثلاً، کپڑوں کو سفید کرنے کے لیے گندھک کو جلا کر اس کا دھواں دیا جاتا ہے۔

اور اسی طرح اگر کسی نم دار لکڑی کی چھال سبز ہو تو اس سے سبز رنگ کا دھواں نکل سکتا ہے۔ اور دوسری رنگین چیزوں سے بھی ان کے رنگ کے قریب کا دھواں نکل سکتا ہے۔ بوڑھے لوگوں کے جسم میں بلغم زیادہ ہوتا ہے۔ اور بلغم سفید رنگ کا ہوتا ہے۔ اس لیے ان سے جو بخارات نکلے ہیں ان میں سفیدی ہوتی ہے اور اس لیے ان کے بال سفید ہوتے ہیں۔

اگر کسی شخص کا علاج ایسے مادوں سے کیا جائے جو بلغم کو پتلا کر کے معدے اور رگوں سے نکال دیتے ہیں، جیسے ہلیلج، بلیلج اور آملج، یا ایسے مادوں سے جن میں گرمی ہوتی ہے جو بلغم کو پگھلا کر خارج کر دیتے ہیں، جیسے

117

زنجبیل، شقاقل، اور خولنجان، اور انہیں شہد کے ساتھ یا ہلیلج کے مختلف اقسام کے ساتھ ملا کر استعمال کیا جائے تو سفید بالوں کو کم کیا جا سکتا ہے یا روکا جا سکتا ہے۔ اگر یہ علاج وقت سے پہلے کیا جائے تو یہ جسم پر غالب آ جاتا ہے۔

اور بچوں کے معاملے میں، خاص طور پر جن بچوں کو حمل کے دوران صرف خون کی غذا ملتی ہے، ان میں خون کا رنگ زیادہ غالب ہوتا ہے۔ اس لیے ان کے جسم میں جو بخارات پیدا ہوتے ہیں وہ سنہرے رنگ کے ہوتے ہیں اور اسی وجہ سے ان کی جلد زیادہ تر سنہرے رنگ کی ہوتی ہے۔ ان میں سے کچھ لوگ جب بڑے ہوتے ہیں اور ان کے جسم میں دوسرے اخلاط غالب آ جاتے ہیں تو ان کی جلد کا رنگ سیاہ ہو جاتا ہے۔

جب کوئی شخص اس عمر میں پہنچتا ہے جب اس کے جسم میں بلغم غالب آ جاتا ہے تو اس کے بال سفید ہونا شروع ہو جاتے ہیں۔ اور اس کا سبب یہ ہے کہ اس کے جسم میں بلغم کی مقدار زیادہ ہوتی ہے۔

ساتواں باب: بالوں کا گھنگرالا، سیدھا یا موجی ہونا

یہ کیوں ہوتا ہے کہ بعض لوگوں کے بال گھنگریالے ہوتے ہیں، بعض کے سیدھے اور بعض کے موجی؟ اور یہ کیوں ہوتا ہے کہ افریقی لوگوں کے بال گھنگریالے، یورپی لوگوں کے سیدھے اور عرب، فارس اور رومی لوگوں کے بال موجی ہوتے ہیں؟

بالوں کا گھنگریالا ہونا اس لیے ہوتا ہے کہ بالوں کی نشو و نما کے لیے جو دھوئیں دار بخارات پیدا ہوتے ہیں، وہ بہت گرم اور خشک ہوتے ہیں۔ اور جلد بہت سخت اور مضبوط ہوتی ہے۔ جب یہ دھوئیں دار بخارات بہت گرم اور خشک ہوتے ہیں تو وہ گھنگریالا ہو کر نکل آتے ہیں، بالکل اسی طرح جیسے آگ کے قریب رکھنے سے چیزوں میں بل پڑ جاتے ہیں۔

اور ہر وہ چیز جو آگ کے قریب رکھنے سے اتنی گرم ہو جائے کہ اس پر آگ کا اثر ظاہر ہو جائے تو وہ مڑ جاتی ہے۔ یہ بات بالوں میں بھی صاف نظر آتی ہے۔ اگر بالوں کو آگ کے قریب کیا جائے تو وہ مڑ جاتے ہیں۔ اور یہ بات دوسری چیزوں میں بھی واضح ہے کہ جب کسی چیز سے جو بخارات نکل کر بالوں کی پیدائش کا سبب بنتے ہیں، ان میں زیادہ گرمی ہو جائے تو وہ جسم کے اندرونی راستوں میں مڑ کر جاتے ہیں اور جلد سے نکلنے کے وقت بھی اسی طرح مڑے ہوئے ہوتے ہیں۔ اس لیے جب وہ جلد سے نکل آتے ہیں تو وہ مڑے ہوئے اور سخت ہوتے ہیں۔

اور جب یہ سخت جلد کے پاس پہنچتا ہے تو اسے کوئی راستہ نہیں ملتا اور مختلف سمتوں میں پھیل جاتا ہے۔ پھر جب اسے کوئی راستہ مل جاتا ہے تو اس راستے میں مڑا ہوا ہو کر گزر جاتا ہے کیونکہ وہ اپنے سیدھے راستے سے ہٹ چکا ہوتا ہے۔ یہ بات دھوئیں میں بھی واضح طور پر نظر آتی ہے جو تنوروں یا دوسری آگ سے نکلنے والی چیزوں سے نکلتی ہے۔ اگر اس کا راستہ سیدھا نہ ہو تو وہ مڑا ہوا اور تہہ دار ہو کر نکلتی ہے۔

پس اسی وجہ سے بال گھنگریالے ہوتے ہیں۔ اور جن لوگوں کے بال زیادہ تر گھنگریالے ہوتے ہیں وہ افریقی اور حبشی لوگ ہیں جن کی جلد کا رنگ سیاہ ہوتا ہے۔ یہ اس لیے ہوتا ہے کہ ان میں گرمی کی مقدار زیادہ ہوتی ہے اور یہ بخارات اور نمی کی طرح ہوتی ہے۔ اور جن لوگوں کی جلد نرم ہوتی ہے اور اس میں سختی کم ہوتی ہے، ان میں بھی یہ حالت پائی جاتی ہے۔ یہ حالت ان قوموں میں پائی جاتی ہے جن کے مزاج میں نمی زیادہ ہوتی ہے جیسے کہ یورپی لوگ، ترک اور ہر ز (یہاں ہر ز سے مراد کوئی خاص قوم ہو سکتی ہے) اور ان لوگوں میں جو سرد اور نم علاقوں میں رہتے ہیں۔ اور بالوں کا سیدھا ہونا اس لیے ہوتا ہے کہ بالوں کی نشو و نما کے لیے جو دھوئیں دار بخارات پیدا ہوتے ہیں، وہ کم گرم ہوتے ہیں۔ اور دوسری قومیں جو اعتدال پر ہیں، ان کے بال موجی ہوتے ہیں کیونکہ ان میں گرمی اعتدال پر ہوتی ہے اور ان کا جسم ان دونوں حالتوں کے درمیان ہوتا ہے جن کا ذکر پہلے کیا جا چکا ہے۔

آٹھواں باب : جسم میں بالوں کااگنااس قدر مختلف کیوں ہے کہ سینے ، پیٹ ، بازو کے اوپری حصے ، ہاتھوں اور ٹانگوں پر زیادہ ہوتے ہیں ، جبکہ ہتھیلیوں اور تلووں پر نہیں ہوتے ؟

اس کی وجہ یہ ہے کہ جسم کے مختلف اعضاء کا مزاج اور ساخت مختلف ہوتے ہیں ، اس لیے ان میں جو چیزیں پیدا ہوتی ہیں ، وہ بھی ان کی ساخت کے مطابق مختلف ہوتی ہیں۔ اسی طرح ، ان چیزوں کا ان اعضاء سے خارج ہونا بھی ان کے اندر موجود مختلف مادوں کی وجہ سے مختلف ہوتا ہے۔ مثلاً ، سینے کا وسطی حصہ اور اس کے قریب دل کے علاقے دل کے قریب ہونے کی وجہ سے بہت زیادہ گرم ہوتے ہیں ، کیونکہ دل جسم میں حرارت کو پھیلاؤنے والا سب سے اہم عضو ہے۔

اور اس سے دھوئیں کی شکل میں بخارات اس تناسب سے نکل رہے تھے ، اس لیے اس میں بال بہت زیادہ تھے۔ اور جو کچھ بھی عانہ ، پیٹ کے اطراف اور رانوں کے اوپری حصے کے قریب ہے ، وہ دونوں کے قریب ہونے کی وجہ سے گرمی کا ایک بہت بڑا منبع ہے۔ اور چونکہ یہ دونوں جسم میں حرارت کے چشمے ہیں ، اس لیے ان حصوں میں بہت زیادہ گرمی ہوتی ہے۔

اس لیے اس سے بخارات بہت زیادہ نکلتی ہیں اور اسی وجہ سے وہاں بال زیادہ ہوتے ہیں۔ لیکن بغل کے نیچے کا حصہ اس کے برعکس ہے ، کیونکہ

وہاں کا گوشت نرم اور غدود والا ہوتا ہے۔ اور بال عام طور پر سخت اور خشک جگہوں پر اُگتے ہیں۔ لیکن یہ حصہ جسم کے مختلف مادوں اور اخلاط اور بخارات کے لیے ایک طرح کی گہری نالی کی طرح ہے جہاں یہ جمع ہوتے ہیں، بخارات بنتے ہیں اور پھنس جاتے ہیں۔ اس لیے یہاں دانے اور پھنسیاں بہت زیادہ ہوتی ہیں۔ اور اسی وجہ سے یہاں بخارات بھی زیادہ ہوتی ہیں اور ان سے بال بھی زیادہ اُگتے ہیں۔

اور بازو اور ٹانگ کے بیرونی حصے میں بالوں کا زیادہ ہونا اور اندرونی حصے میں کم ہونا اس لیے ہے کہ اندرونی حصہ بیرونی حصے کے مقابلے میں زیادہ نم ہوتا ہے۔ اور بازو اور ٹانگ کے اندرونی حصے کا زیادہ نم ہونے کی وجہ یہ ہے کہ ران کے اندرونی حصہ اور بازو کے اندرونی حصہ ہمیشہ بازو اور کندھے یا ان دونوں کے درمیان کے حصے کے ساتھ ملا ہوا رہتا ہے۔ اور اس مسلسل ملاپ کی وجہ سے اور ہوا کے کم لگنے کی وجہ سے یہ حصے نم ہو جاتے ہیں اور اس لیے ان میں بال نہیں اُگتے۔

ہتھیلیوں اور پاؤں کے تلووں میں بال نہ ہونے کی وجہ یہ ہے کہ ان کی جلد بہت خشک اور مضبوط ہوتی ہے۔ اس کی وجہ یہ ہے کہ تخلیق کے وقت ان کے گوشت میں بہت زیادہ اعصاب بچھائے گئے ہیں اور ان کو بہت مضبوطی سے جوڑا گیا ہے تاکہ ان میں احساس بہت زیادہ قوی اور مکمل ہو۔ اور یہ سب کچھ ایک دانشمند مقصد کے لیے کیا گیا ہے، کیونکہ اگر ان اعضاء میں

بال ہوتے تو انسان کے لیے بہت زیادہ نقصان دہ ہوتا۔ کیونکہ انسان کو اپنی ہتھیلیوں کا استعمال مختلف چیزوں کو پکڑنے کے لیے کرنا پڑتا ہے اور اگر ان میں بال ہوتے تو وہ پانی اور چھوٹی چیزوں کو پکڑنے میں بہت مشکل پیش آتی۔

اور مختصراً یہ کہ اگر ہاتھوں کی ہتھیلیوں میں بال ہوتے تو ہمیں بہت سی مشکلات کا سامنا کرنا پڑتا۔ جب ہم ہاتھوں سے کسی چیز کو پکڑتے یا چھوتے تو بالوں کی وجہ سے ہمیں دشواری ہوتی۔ اسی طرح اگر پاؤں کے تلووں میں بال ہوتے تو ہم چلنے پھرنے میں اور دوسری بہت سی حرکتوں میں دشواری محسوس کرتے۔ اس لیے یہ بہتر ہے کہ ہاتھوں کی ہتھیلیوں اور پاؤں کے تلووں میں بال نہ ہوں۔

نواں باب: کوسج (بالوں کا کم ہونا) کے کیا اسباب ہیں؟

اس کی وجہ یہ ہے کہ کوسج سرد مزاج اور فطری حرارت کی کمی کی وجہ سے ہوتا ہے۔ جب جسم میں فطری حرارت کم ہو جاتی ہے تو بخارات بھی کم ہو جاتے ہیں۔ جب بخارات کم ہوتے ہیں تو ان کا خارج ہونا بھی کم ہوتا ہے اور جسم سے خارج ہوتے وقت ان سے جو چیزیں پیدا ہوتی ہیں وہ بھی کم ہو جاتی ہیں۔ اس کی وجہ سے بال کم ہوتے ہیں اور ان میں جان بھی کم ہوتی ہے۔

آپ دیکھیں گے کہ کوسج والے انسانوں کے جسم پر عام طور پر کم بال ہوتے ہیں اور وہ اپنے ہم عمر لوگوں کے مقابلے میں دیر سے جوان ہوتے ہیں۔ یہ سب اس بات کا ثبوت ہے کہ کوسج والے لوگوں کا مزاج سرد ہوتا ہے اور ان میں حرارت کی کمی ہوتی ہے۔ اگر یہ بات پورے جسم پر صادق نہ ہو تب بھی جلد کا مزاج ایسا ہی ہوتا ہے اور جلد موٹی اور سخت ہو جاتی ہے۔

دسواں باب: ہونٹ اور ابرو کے بال جسم کے دوسرے بالوں کی طرح کیوں نہیں بڑھتے؟

ہونٹوں اور ابروؤں کے بال اللہ تعالیٰ نے فائدے اور خوبصورتی دونوں کے لیے بنائے ہیں۔ جیسا کہ ہم نے پہلے بیان کیا ہے۔ اور یہ بات واضح ہے کہ جب تک ان کا فائدہ ایک ہی رہتا ہے تب تک وہ خود بھی ایک ہی حالت میں رہیں گے نہ بڑھیں گے اور نہ ہی کم ہوں گے۔ جیسا کہ ان کا فائدہ انسانوں اور تمام مخلوقات میں ایک ہی ہے، اسی لیے یہ تخلیق کے وقت سے ہی ایک ہی حالت میں ہیں اور ان میں اضافہ یا کمی نہیں ہوتی۔ جس طرح بالوں کو ان اعضاء میں بڑھنے کی ضرورت ہوتی ہے جن میں عضو ف ہوتا ہے اور ان کا سائز تبدیل ہوتا رہتا ہے، اسی طرح ان بالوں کو بڑھنے کی ضرورت نہیں ہوتی کیونکہ ان کا کام ایک خاص مقدار میں رہنا ہے۔

گیارہواں باب : بالوں سے کیا پتا چلتا ہے؟

ہر ایک بال کی حالت سے جسم، دل اور عورتوں کی حالت کا اندازہ لگایا جا سکتا ہے۔ بالوں سے انسان کی ذہانت، دیانت، جرأت، بزدلی، بچے پیدا کرنے کی صلاحیت اور اس کے برعکس عورتوں کی صحت کے بارے میں جانا جا سکتا ہے۔ اس لیے دانشور لوگ بالوں سے ان تینوں چیزوں کے بارے میں اندازہ لگاتے ہیں جو کہ دماغ، دل اور خصیوں سے متعلق ہیں۔ ذہانت اور دیانت دماغ سے، جرأت اور بزدلی دل سے اور بچے پیدا کرنے کی صلاحیت اور اس کے برعکس خصیوں سے متعلق ہے۔

بالوں سے عورتوں کی صحت کا اندازہ لگایا جا سکتا ہے۔ اگر کسی بچے کے بال بہت جلد اگ آئیں اور وہ سیاہ، مضبوط اور گھنے ہوں تو اس کا مطلب ہے کہ اس کا دماغ گرم ہے اور وہ بالوں کا مسئلہ جیسے کہ گنج پن کا شکار ہو سکتا ہے۔ اس طرح کے بچے ذہین ہوتے ہیں، تیزی سے جواب دیتے ہیں اور ان میں ذہانت کی فطری صلاحیت ہوتی ہے لیکن گہری سوچ میں کمزور ہوتے ہیں۔

اگر کسی بچے کے بال سرخ اور پتلی ہوں اور پیدائش کے بعد دیر سے اگنے لگیں تو اس کا مطلب ہے کہ اس کا دماغ ٹھنڈا ہے اور وہ ذہین نہیں ہے بلکہ زیادہ سوچنے والا ہے۔ لیکن اگر بال مضبوط، گھنگریالے اور سیاہ ہوں اور پیدائش کے بعد جلدی اگنے لگیں تو اس کا مطلب ہے کہ اس کا دماغ خشک ہے اور وہ ذہین، تیز فہم اور گنج پن سے جسے محفوظ رہے گا۔

اگر کسی شخص کے سینے پر بال گھنے اور موٹے ہوں تو اس کا مطلب ہے کہ اس کا دل گرم اور خشک ہے۔ اس طرح کے لوگ بہادر اور بے باک ہوتے ہیں۔ لیکن اگر سینے پر بال کم اور پتلی ہوں تو اس کا مطلب ہے کہ اس کا دل ٹھنڈا ہے اور وہ نازک مزاج اور مغرور ہوتا ہے۔

اگر پیڑو اور آس پاس کے بال گھنے، موٹے اور زیادہ ہوں تو اس کا مطلب ہے کہ اس عورت کا مزاج گرم ہے اور وہ بچے پیدا کرنے کی صلاحیت رکھتی ہے۔ اس طرح کی عورت جنسی تعلقات کو پسند کرتی ہے۔ اگر یہ بال ناف اور رانوں تک پھیلے ہوئے ہوں تو اس کا مطلب ہے کہ اس عورت کا مزاج بہت گرم ہے، وہ بہت سارے بچے پیدا کر سکتی ہے اور اس کا منی گاڑھا ہوتا ہے۔ لیکن اس کا مطلب یہ بھی ہے کہ وہ زیادہ جنسی تعلقات قائم کرتی ہے۔

اگر کسی عورت کے بال نہ تو بہت موٹے ہوں اور نہ بہت سخت ہوں بلکہ نرم ہوں تو اس کا مطلب ہے کہ اس کا مزاج گرم اور نم ہے، اس کا منی زیادہ ہوتا ہے اور وہ جنسی تعلقات کو زیادہ برداشت کر سکتی ہے۔ لیکن اگر بال بہت پتلے اور کمزور ہوں تو اس کا مطلب ہے کہ اس کا مزاج ٹھنڈا ہے اور اس کی جنسی خواہش کمزور ہوتی ہے، اس کا منی پانی کی طرح پتلا ہوتا ہے اور وہ کم بچے پیدا کرتی ہے۔ یہ سب باتیں صرف معتدل آب و ہوا والے علاقوں میں رہنے والی عورتوں کے بارے میں درست ہیں۔ دوسرے علاقوں میں یہ

باتیں درست نہیں ہوں گی کیونکہ آب و ہوا بالوں کو اس طرح متاثر کرتی ہے جس طرح وہ دوسرے اعضاء کو نہیں کرتی۔

بارہواں باب: بالوں کی بیماریوں کی وجوہات

بالوں کی بیماریاں ہیں جیسے داءالثعلب، داءالحیہ، حزاز وغیرہ ہیں جس طرح پھل اور گھاس اچھی زمین میں اگتے ہیں، اسی طرح بالوں کو بھی صحت مند رہنے کے لیے اچھی غذا اور مناسب دیکھ بھال کی ضرورت ہوتی ہے۔

Book on Hair Disorders

Written by

Qustā bin Lūqā al-Ba'albeki

Edited & translated by

Mohd Khalid
Mohammad Zia Beg